お母さんの自己肯定感を高める本

ニューヨークライフバランス研究所 代表
松村亜里

WAVE出版

はじめに──「僕、自分が好きだよ！」と言える子は幸せいっぱい

自己肯定感は幸せへの道

「君は自分のこと好き?」

そう聞かれた子どもたちが、

「うん、僕、自分が好きだよ！」

「私も好き。私は私で良かった！」

と元気良く答えてくれたら、こんなに嬉しいことはありません。

子どもたちは「自分が好き」「自分でＯＫ」と、自分をまるごと受け止められている、自分に満足して幸せを感じている、ということなのです。

これを喜ばない親はいないでしょう。親が最終的に望むのは子どもの幸せ。

そういう子に育ってほしいと、お母さんたちの誰もが願っていると思います。

自分で自分のことをＯＫと思えるのは、「自己肯定感」があるということ。

「子どもの自己肯定感を高めてあげたい。でもその方法がわからない」という親は多いのではないでしょうか？　お母さん自身が自己肯定感が低くて悩んでいる場合は特にそうでしょう。

私自身は、自己肯定感のジェットコースターの人生を生きてきました。

母子家庭で育ち、中卒で学歴もなく、アルバイトをしながら過ごしていたとき、私の自己肯定感はこれ以上低くなりえないくらい低く、虫けらのようにちっぽけな自分は何も成すことができないとさえ感じていました。

その頃は、目の前の人と何を話していいのかわからず、ちょっと有名な知り合い（それも親の）を話の引き合いに出していたことを覚えています。自分に自信がないので、誰かとくっつけて自分を高めたかったのでしょう。

その後、母に勧められて行った准看護学校と通信制高校で小さな成功体験を重ねたことで、少し自信がついた私は、２００万円貯めて渡米、英語学校、短大、大学、大学院と進めたことで、自己肯定感の低さを完全に克服したと思っていました。

その自己肯定感が全くの偽物だったと気づいたのは、日本に戻ってきてしばらく経ったときのことです。思い通りにならない子育てを前に、ガラガラと崩れ落ちた自己肯定感。人生の底辺を再びさまよいました。

子どもたちに本当に悪いことをしたと思っています。自分が自分をOKと思えないために、その不全感を子どもたちにぶつけてしまっていたのです。

その後、夫の仕事の都合で再びアメリカに渡り、抜け出せないトンネルの中、藁をもすがる思いで学んだポジティブ心理学。そこにヒントがあり、簡単には崩れない本当の自己肯定感を高めることができました。子どもたちへの対応も劇的に変わり、今はとても幸せを感じています。

子どもの幸せのためには、ママの自己肯定感がとても大切だと身をもって知りました。

幸せの指標を見直してみよう

ところで、世の中で幸せの指標とされているものはなんだと思いますか？　学歴、収入、社会的地位、美貌、若さ――これらによって幸せがもたらされると信じている人は多いでしょうね。

お金があれば、なんでも好きなことができる。
学歴が高いと、名のある会社に入れる。
それは確かにその通りかもしれません。「美人だね」と言われてちやほやされるのも、気分のいいものでしょう。

ところが、いまここに挙げた幸せは、人との比較によって生まれるものです。もっとお金持ちの人、もっと高学歴な人、もっと美しい人が現れた途端に、幸せは崩れ去り、不幸に変わってしまいます。幸福感が続くのは、ほんのわずかな時間にすぎません。

ママは子どもの自己肯定感を育てたい

今までの人生経験から、人との比較から生じた幸せなど一過性のものに過ぎないということも、そのような幸せにはつねに不安を伴うということも、すでに実感している方がいらっしゃるでしょう。

だからこそ、我が子にはそんなはかない幸せでなく、長く続く確かな幸せを手にしてもらいたいと願うのだと思います。

「I am OK」だと幸福はずっと続きます。自分の中から湧きおこるような幸せの実感。それを感じられるようになるには、自己肯定感を持つことが必要です。

そして、子どもが安定した自己肯定感と幸せを掴み取れるためには、ママの自己肯定感を高めることが必要不可欠なんですね。

本書では、子どもだけでなく、ママの自己肯定感の高め方を具体的にお伝えします。

ママの幸せ、まずはここからスタートしましょう。

2020年1月吉日

松村亜里

目次

第2章
ママの自己肯定感アップ《実践編》あなたを幸せにする14のワーク

第3章

ママの自己肯定感アップ《総仕上げ編》自分で自分を抱きしめるセルフコンパッション

装幀・カバーイラスト　和全（Studio Wazen）
執筆協力　福井壽久里
図版・DTP　システムタンク
編集　大石聡子

本書の流れ

第1章

ママである「自分」を幸せにしよう

★自己肯定感の正体を知ろう
★幸せな子であれば、自己肯定感は育つんだ
★子どもの幸せはママの笑顔にあり。だから、何よりもママに自己肯定感があることが必要不可欠！

第2章

ママの自己肯定感アップ《実践編》

★ワークは全部で14個
★感謝、親切、つながり、お金……、各ワークに込められた幸せの要素をやさしく解説
★幸せになった人の事例もあるからわかりやすい
★興味のあるワークから始めてOK

第3章

ママの自己肯定感アップ《総仕上げ編》

★「私はダメ」は勘違いだった
★親からの呪いの言葉はもう捨てられる
★私が私を大切にして幸せになる

第1章

ママである「自分」を幸せにしよう

～子どもの幸せの前にママの幸せが必要～

自己肯定感の正体を知っておこう

自己肯定感って、一体どうしたら育つものなの？

そもそも、自己肯定感って何を指してるんだっけ？

そんな疑問を持つ方も多いのではないでしょうか。自己肯定感という言葉はよく耳にするけれど、それが何なのか、改めて聞かれると答えることは難しいものです。ましてや、どうすれば自己肯定感を育てられるのかなんて、わからなくて当たり前。

自己肯定感とは何か。まずは、その答えを見つけましょう。

自己肯定感には2タイプある

「自己肯定感って、要するに自分が好きということじゃないの？」

その通りです！「自分は自分で十分、ＯＫ」という感覚の方がより近いかもしれませんね。

でも、実は「自分が好き」「十分だ」という意識には、2つの異なる種類があるんです。

どちらのタイプの自己肯定感を育てるかにより、子どもが感じる幸福感に歴然とした差が生じます。これはぜひとも知っておいてもらいたいことです。


［タイプ1］条件付きの自己肯定感「I am very good」


「周囲の人の平均よりも優れているから」「先生に高く評価されているから」など、人との比較によって自己肯定感がもたらされるのは、よくあることです。

しかし、それは条件付きの自己肯定感です。

「はじめに」でお話ししたように、自分よりもできる人が現れたり、何か失敗をして評価が低くなったりするなど、少しでも条件が悪くなると、このタイプの自己肯定感は激しく揺らぎ、消え失せてしまいます。「自己否定」と入れ替わってしまい、とても不安定な状態なんです。


［タイプ2］条件なしの自己肯定感「I am good enough」

条件付きでない自己肯定感もあります。こちらは、「ダメなところもいいところも全部含めて自分が好き」というように、自己受容ができている状態です。自己否定にはならないですね。

人は誰しも完璧でないのだから、どんな自分でも自分はまるごとOK、と思えることに価値があります。

自分よりできる人が現れても、自分よりきれいだと言われる人がいても、何か失敗したときでも、大丈夫。自己肯定感は揺るがず安定しています。

あなたは、どちらの自己肯定感を育てたい？

自己肯定感の高い子に育ってほしいと願うママたちが求めているのは、タイプ2「条件なしの自己肯定感」です。どんな自分をも認めて、受け入れる。失敗した時もひどく落ち込まずに回復できる。そんな強さとしなやかさを育んであげたいですよね！

自己肯定感に2つのタイプがあることを知り、適切に取り扱うようにしないと、この2種類がごちゃまぜになってしまう恐れがあります。

本当は自己受容型の自己肯定感を高めたいのに、よかれと思ってした言葉がけが、実はタイプ１「条件付き」のほうを高める結果になってしまったということになりかねないのです。

カレーを作りたいのに野菜炒めのレシピで作ると結果として野菜炒めになってしまうというようなものです。悲しいことにこれは多くの場所で見かけられます。

褒め言葉には落とし穴がある

例えば、我が子が１００点を取った時にこんな言葉がけをしていないでしょうか。

「１００点取るなんてすごい！」「さすが○○くん！　賢い、天才だ！」「△△くんよりできるんだ！」

褒めてあげれば自己肯定感が高まるだろうと、せっせと声をかけているというママは、多いかもしれません。

ところが、この「１００点を取ったから賢い」という言葉は、１００点でなければ賢くない、すごくない、価値がない、という条件付きの自己肯定感を育てる可能性のある要注意ワードです。

「ぼくは賢いんだ。だから僕は、自分のことが好き」と思うようになった子は、失敗することを受け入れられません。

賢い自分はいいけれど、賢くない自分は受け入れられない、という思考が働き、失敗を必要以上に恐れたり避けるようになってしまうわけです。能力と結果は褒めないことをお勧めします。

「わっ、この言葉をかけていた。失敗した〜」

「じゃあ、どんな言葉をかければいいの？」

自己肯定感を高める方法が余計わからなくなった、と思わせてしまったならすみません。でもね、大丈夫です。

自己肯定感を高める方法は能力や結果を褒める以外にたくさんあるのです。順番に見ていきましょう。

お守りワード

賢くなくてもいい。自分を好きになるのに条件はいらない。

自己肯定感が自然と育つ3つのこと

「やってみよう」から始めればいい

バウマイスターという研究者は、それまでの膨大な自己肯定感の研究をまとめて、影響しているものを整理しました。

大きく影響していたものは、自己効力感、良い親子関係、幸せでした。

自己効力感とは、「やってみよう」という気持ちで、行動を起こすことに一番影響しているものです。

自己肯定感は頭の中にあるものですが、自己効力感は行動に現れます。

小さな成功体験を積むことで、「僕頑張ったらできるかも!」と思えるようになり、育っていく力です。

自己肯定感を高める3つのこと

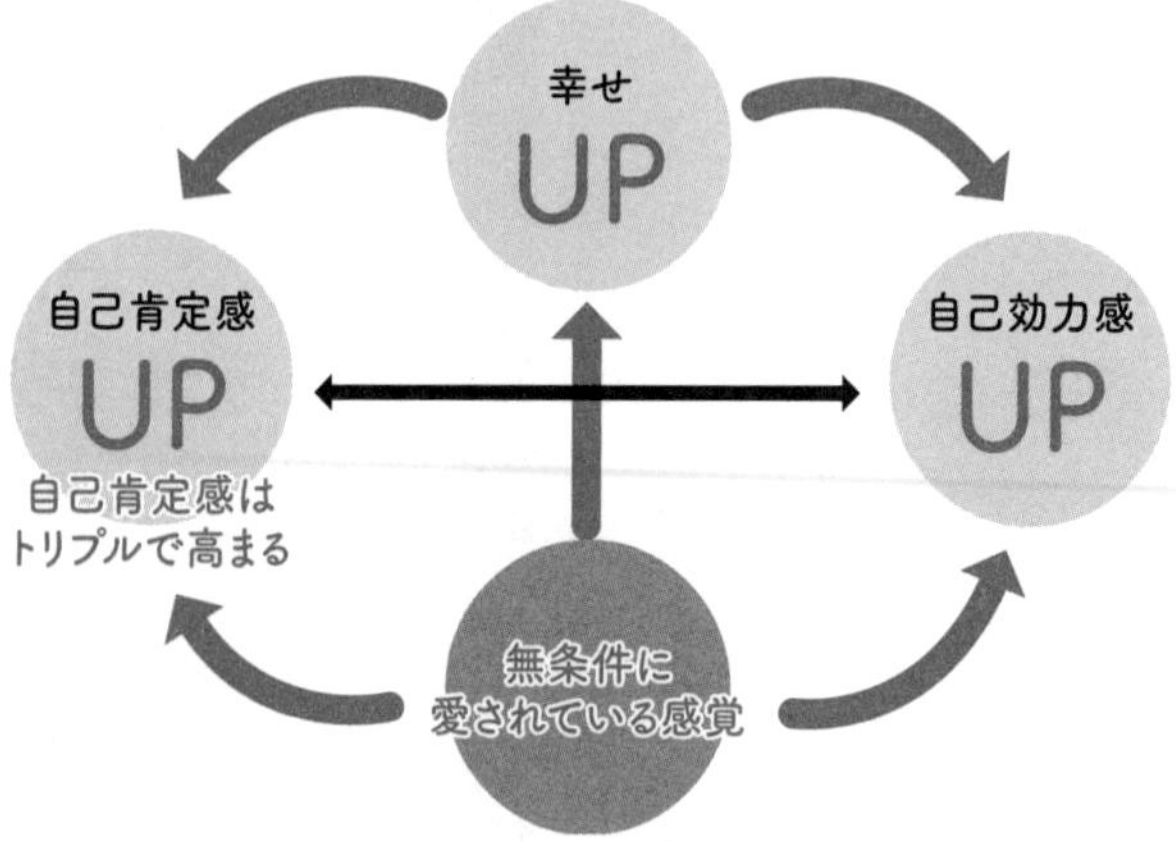

また、頑張ったことや集中したこと、かけた時間など、能力や結果ではなく、過程を褒められると育ちます。

私の場合は、自己肯定感がどん底だった時、まず自己効力感を高めることから始めました。「I am OK」と気持ちを変えることより、目の前の小さなことをまずやってみるというのはやりやすいですよね。

准看護学校の受験で、高校生の教科書を友達から借りて一から自分で学び、合格したときに「もしかしたら私もやればできるのかも!」という希望が心に芽生えたことを覚えています。

自己効力感を高める方法は沢山あります。詳しくは『子どもの自己効力感を育む本』をご覧ください。声かけを気をつければ、失敗しても育つので心配ないですが、声かけが適切でないと不安を育ててしまうので親や先生は注意が必要です。

力の源は、「親に無条件に愛された」という感覚

良好な親子関係の影響はとても大きく、他の３つ全てに影響します。

「自分は自分であればいい。誰と比べるわけではなく、ただ自分でいることに価値がある」と思えるのは、親から無条件に愛されている感覚を感じたときです。

大好きなお母さん、お父さんから無条件に愛されているという実感があれば、子どもは自分が価値ある人間だと確信することができます。

そして、お母さんやお父さんが愛してくれるのと同じように、自分のことが大好きになります。それはとても自然なことなんですよね。

詩人の谷川俊太郎さんは語っています。

「自分は母親に１２０％愛されていました。いるだけで価値があるから、何かができるよ

うにならないと、なんて思う必要がなかったんです。自分のためには何もしなくてよかったから、人のためにしようって自然に思えたわけです」

それでも、親も完璧ではありませんし、子どもが育つ家庭以外の環境の中で、「あなたはダメだ、あなたは十分でない」というメッセージを受けますから、親子関係が良くてもその後自分はダメだと感じてしまう機会はたくさんありますね。

そんな時、役に立つことは、幸せは自分で作り出せるということです。心理的に健康な人は自己肯定感が高いのです。そう、自己肯定感を高める3つ目の要因は「幸せ」です。

お守りワード

無条件に愛された子は、揺るぎない自己肯定感を感じられる。

愛情を伝える言葉・ふれあい・過ごし方

私の前著『世界に通用する子どもの育て方』では、良い親子関係を育むスキルを沢山紹介していますので、ぜひ参考にしてください。ここでポイントだけあげておきますね。

親は子どもに「あなたは大切な存在だよ」と思っていることがきちんと伝わるように、それにふさわしい方法を実行してみてください。

そのひとつが、肯定的な言葉をかけることです。

「大好きだよ」
「がんばってるね」
「信じているよ」
「あなたはママの宝もの」

こういう言葉を親から直接聞けると、子どもはとても嬉しく、誇らしい気持ちになります。それは、ありのままの自分をまるごと受け入れられるようになっていくために必要なことです。


逆に、批判的な言葉をかけられ続けると、自己否定感が育ちます。大好きママから
「あなたはダメ！」

「なんでいつもそうなの！」

「何度言ってもできない！」

と責められ続けては、自分はダメだと思うのも当然ですね。

簡単なことではありませんが、子どもの幸せな人生のためにと言い聞かせ、それをちょっと我慢して、工夫してみましょう。

共感する言葉がけをしよう

子どもがすねたりヒステリーを起こしたりしたときは、

「怒られて腹が立ったんだね」

「できなくてくやしかったんだね」

と言葉をかけてあげましょう。

子どもは自分は認めがたく、受け入れにくいネガティブな気持ちに襲われていても、親が積極的に共感を示してあげることで、ありのままの状態を認め、受け入れられるようになっていきます。

ママが謝ることも必要

親である自分が間違ったときには、素直に「ごめんなさない。ママが間違ってた」と謝るといいでしょう。

親が子に謝罪するのは少し抵抗感があるかもしれませんが、そうすることにより、大切な存在である子どもに深い愛情と敬意を持っていることがきちんと伝わります。

生理前や睡眠不足のときは、普段なら気にならないことでかっとなって怒ったりしてしまいます。そんなときは、子どもが悪いというより、親の状態が悪いのですね。

でも、子どもにとって親は絶対なので、「ああ、僕が悪いんだ」と思ってつじつまを合わせようとします。そして、自分はダメな子だと、自己否定が強くなっていくのです。

子どもが悪くなかったときは、「ごめんね、ママ疲れていて」とか「ママ、あなたのことが心配で怒っちゃった」とか「私文」を使って裏にある愛情を伝えたりしてください。

ママが謝ることで、子どもは、人は間違うこともあるということを学べます。いい面も間違う面もあっていいという、受容型の自己肯定感のメッセージになるのです。

いっしょにいるときはスキンシップを

子どもと一緒にお料理をしたり、トランプなどのゲームをして遊んだり、そのほかにもスポーツや勉強など、共に何かをして過ごす時間を作ることも大切です。

子どもがすぐそばにいるのですから、抱きしめたり、膝にのせたり、こちょこちょくすぐったり、手をつないだり、おんぶしたりして、スキンシップをはかってください。

ふれあいを通じて、愛情は確実に伝わっていきます。

お守りワード

「あなたは大切な存在だよ」と、思っていることをきちんと伝えよう。

愛情を伝えるためにはママが幸せであること

言葉で、共に過ごす時間で、肌のふれあいで、無条件の愛情を伝えることができます。それはきっと、みなさん自然にできていると思います。

でも……できないときもある。できるときと、できないとき、その差って何でしょう？

がんばっているママたちの悲鳴

子どものことを愛していると、しみじみ感じられるのは、自分にゆとりがあるから、ではないでしょうか。そんなとき、ママはその思いを言葉や行動にして伝えやすいのです。

ママのイライラが募り、怒ってしまうときというのは、子どもが特別大変なことをしでかしたからというよりも、ママ自身が余裕をなくしていることが原因、というのがほとんどだったりしませんか？　かつての私もそうだったので、とてもよくわかります。

ママをしている私たち、とってもがんばっているんですよね。

「今、家事しているのがわからないの！」

「いいかげんにして！」

「うるさい！」

「こんなにあなたのためを思ってやっているのに！」

そんな言葉を投げかけてしまって後悔し、素直に謝ることもできず、寝ている子どもたちの顔を見て涙する。――悲しいことですが、本当に多く寄せられるママたちの悲鳴です。

子どもの幸せはママの笑顔にある

ママのイライラ、カリカリ、涙が減って、子どもに無条件の愛を伝えられる良好な親子関係を築くには、ママ自身が「幸せ」で「笑顔」になることが先決です。

幸せなママにはゆとりがあります。子どもの自己肯定感を高めるために必要なのは、何よりもまず、ママの幸せなんですね。「ママの幸せ」から愛の好循環は生まれていきます。

私はイライラしていつも怒っていた頃、よく娘に「ママ、笑って！」と言われたものです。両方のほっぺたをぐいっとつまんであげるんです。そして私が笑うと娘は「あ、ママが笑った！　ママ笑っているときが一番かわいいよ」と言ってくれました。切ない気持ちでした。

子どもは親を幸せにするために生まれてくる、という言葉を聞きますが、本当に子どもの一番の願いはママの幸せなのではないかと感じます。だからこそ、親は自分で幸せにならないといけないのです。

ママが幸せでなく悲しそうな顔をしたり怒っていれば、子どもはママを幸せにするために努力を続けます。大切な人生を自分のために生きられなくなるのです。子どもが自分の人生を自分のために生きられるようになるためにも、ママは自分で自分を笑顔にできるようになりましょう。

お守りワード

子どもの自己肯定感を育てるためのプライオリティは、ママの幸せ。

幸せと逆方向に向かっていませんか？

私には子どもが2人います。その子育て経験を踏まえながら、心理学者として、「どのような関わり方が子どもの幸せにつながるのか」について研究を重ねています。

子どものためなら自分のことは後回し？

私の講座を受講してくださった方や、メールマガジン読者の方々の多くが、メッセージを寄せてくださいます。最も多いのは、「ポジティブ心理学を学んで一番よかったのは、まず自分が幸せになっていいのだと自分に許可を出せたことです」という声です。

かつてはどんなに自分ファーストであった人も、ママになった途端、不思議なくらい自己犠牲の精神が宿ります。子どものためなら、自分のことは後回し。それこそ赤ちゃんのときには、ママはごはんも、睡眠も十分にとれず、トイレに行くことさえがまんする。それでもいい、とボロボロになって子育てをしている女性は多いのです。

自分を捨ててこそ、いい母親?

母親は我が身を削って子を育てるもの。そうした考えは、子どもたちが成長してからも変わることはありません。

美味しいものは子どもに食べさせ、欲しいものも子どもが優先。自分を捨ててこそいい母親という教育が、日本人女性にDNAレベルで染み込んでいるかのようです。

でも本当の本当は? 自己犠牲をしていて辛くないでしょうか?

「母たるもの、〇〇しなければならない」といった「べき論」は、ママたちを苦しめるものでしかないと私は思います。

夫の大学院の都合でアメリカに行ったとき、夫は、ある大学で講師としてフルタイムで教えながら、自分の博士号の講義もとっていました。

仕事を辞め専業主婦になった私は「あなたは大変だから、私が全てするから」と、それまでは分担していた家事や子育てを一手に引き受けることに。

するとそこには、夫や子どもを通して自分を肯定するために、彼らを思い通りにしようとする私がいました。

経済的な負担ものしかかり、ゆっくり休めるベッドも購入できずに、子どもたちとギューギューになって寝る日々。私の心はすっかり荒んでしまい、ことあるごとに「私はこんなに頑張っているのに！」と子どもや夫に八つ当たりしていました。

夫に「やっぱり子育ても家事も一緒にしたい。それができないなら、あなたのやっていることの意味がわからない」と伝えました。自分を犠牲にするのはやめよう、そう思っての言葉でした。今は分担してやっています。

私は全体の形と部分が同じと言う意味の「フラクタル」という言葉が好きです。ママの幸せが家族全体、社会全体の幸せになる。幸せもフラクタルでないといけませんね。あなたが自己を犠牲にしている限り、幸せな社会は作られないのです。

あなた自身の幸せを最優先しよう!

「自分はさておき、家族の幸せを一番に考えないと」
「自分の幸せを優先したら勝手な人間だと思われちゃう」
「自分のことを大事にするのは、悪い母親」
という考えは、幸せとは全く逆のベクトルです。

今日から、今から、ぐるっと逆方向に進んでみませんか。ママであるあなた自身の「幸せ」を後回しにせず、第一番に大切にしてほしいのです。

なぜなら、あなたが幸せでいることは、あなたのお子さん、ご主人、ご家族、友人など、あなたに関わる全ての人の幸せの元となっているからです。

これは科学的にも証明されている事実です!

お守りワード

まず自分が幸せになっていい、と自分に許可を出そう。

「あなたの幸せ」は伝染していく

カリフォルニア大学サンディエゴ校のジェームス・フォーラ氏の研究報告書は、実に興味深い事実を検証しました。「幸せは伝染する」というのです。

あなたが「幸せでない」から「幸せである」に変わると、その幸せは、あなたの友達の友達の友達（つまり3人目の友人）にまで伝わっていくのです。

ママのハッピーで子どももハッピー！

また、あなたが「幸せである」状態に変わると、お隣に住む人ですらその影響を受けて、「幸せである」確率が34％上昇します。ただのお隣さんでも、です。

仲のよい友人同士の場合は、あなたが「幸せである」状態に変わることにより、その友人が幸せになる確率は63％も上昇。

幸せは猛スピードで伝染していく

幸せは友達の友達の友達まで影響する

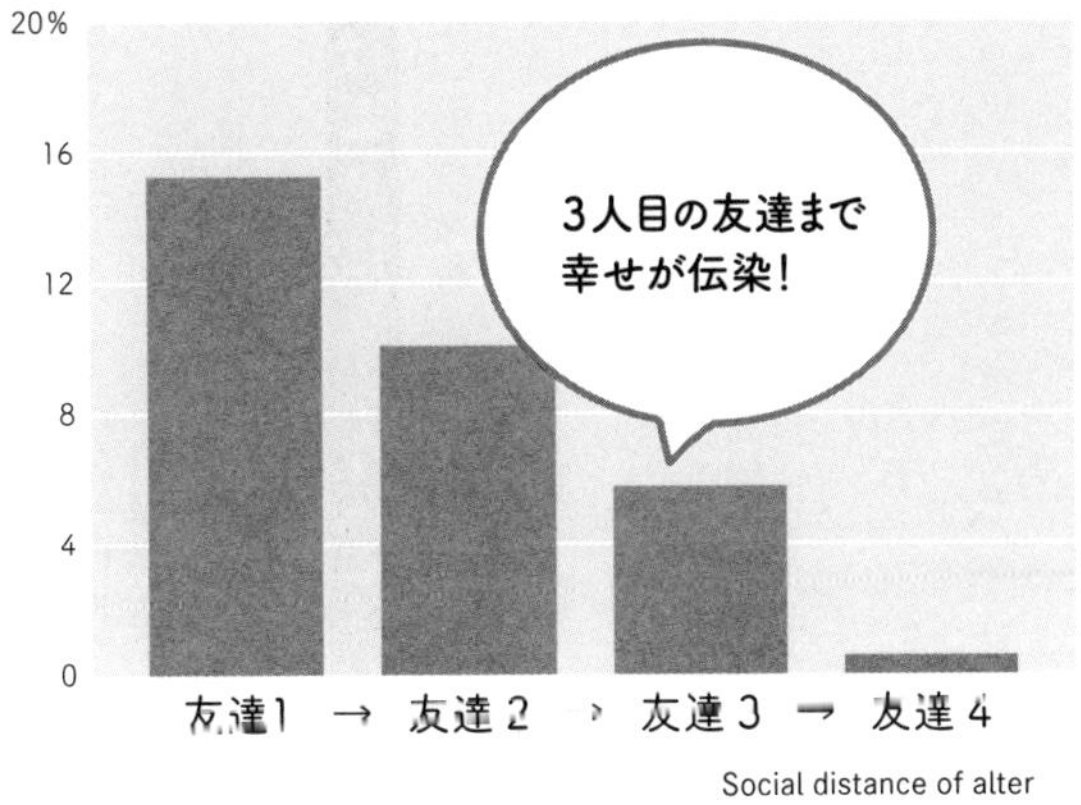

あなたが幸せになるとまわりの人が幸せになる確率

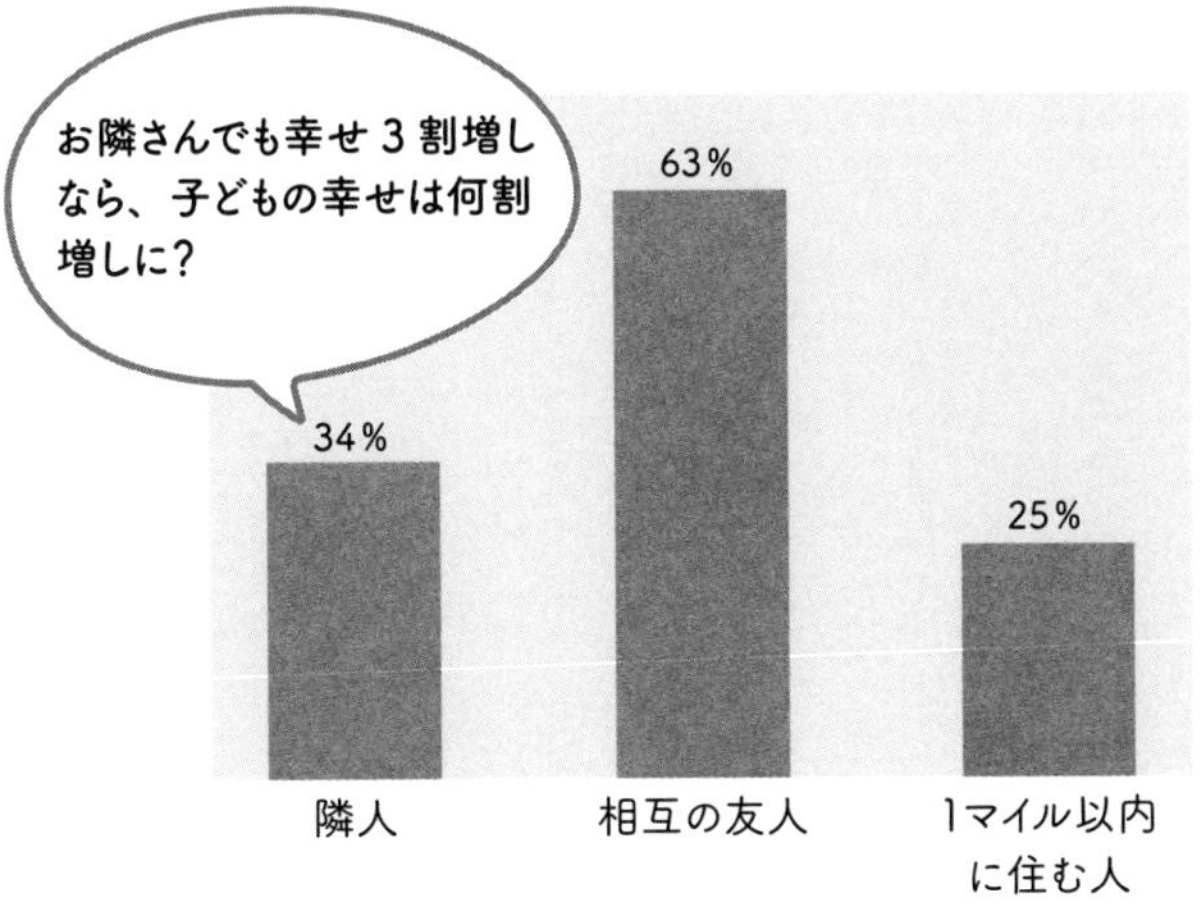

これが、ママと子どもだったらどうなるでしょう。63％どころの騒ぎではありません。100％に近い数字が出てしまうかもしれませんね。アメリカでよく聞く言葉に、Happy wife, Happy life という言葉があります。家族の中で妻（また母親）が幸せだと、家族は幸せな人生を送れるという言葉です。

あなたは幸せにならないといけない

さあ！　もうおわかりでしょう。「幸せになっていいんだろうか」なんて疑う必要など全くありません。

子どもの幸せを願うなら、ママが幸せになることが必要不可欠。

あなたは幸せにならないといけなかったのです。

子どもの幸せとママの幸せ、子どもの自己肯定感とママの自己肯定感はセットなのです。

子育て真っ最中のママたち、子育てをすでに卒業したママたちも、これまでの自己犠牲的な生き方に別れを告げ、とことん自分の幸せを追求していってくださいね。

幸福感を高めながら自己肯定感が一緒にアップするワークをしよう

自分を幸せにするために、あなたはどんなことをしようと思いますか？

贅沢な食事、贅沢なファッション、贅沢な旅行……

どれも素敵なプランですが、いつもの生活レベルをはるかに超える贅沢は、いつまでも続けられません。

たとえ自分は周りのみんなと比べてすごいことをしている、と満足感・優越感にひたることはあっても、それは今だけであって、結局は一時的なものです。

幸せを長くキープする方法を考えましょう。

幸い、その方法はわかっているのです！

ぜひ、第2章で紹介する14種類の「ワーク」にチャレンジしてみてください。

このワークは、ポジティブ心理学研究のエビデンスを元に、私がお会いした多くのママたちが実際に幸せを感じられるようになっていった実体験をプラスして作りました。

これらのワークには3つの効果があります。今ないものよりあるものに目を向けていくので、自己否定が減り自己肯定感が高まること、自分が幸せになるのでそれが周りに伝染すること、そしてなにより、子どもに幸せの作り方を見せてあげていることにもなります。

「これでいいんだ」「このままの私でいいんだ」と自分をまるごと受け入れ、幸せを実感できるようになる14個のワーク。

それぞれに書き込みスペースがあるので、書き込んでいってください。ページを拡大コピーして、そこに書いていってもいいでしょう。

書き込むことにより、嬉しい発見と変化が訪れます。

感謝が増える。没頭できることが見つかる。ちょっと悲観思考だったけれど、思考チェンジで楽観的になる。大切な人との絆がより強まる。お金がめぐるようになる。などなど、です。

ワクワクしてきませんか?

ぜひ、楽しんでワークシートを完成させてください。

14個全てのワークと総仕上げ編を終えたときのあなたは、このページを読んでいる今よりも、もっと幸せになって、長年追い求めてきた「I am OK」を自然と感じられていると思いますよ。

お守りワード

ママの幸せは子どもに100%伝染する。

第2章

ママの自己肯定感アップ《実践編》

～あなたを幸せにする14のワーク～

各ワークに込められた幸せの要素

この章で紹介するワークは全部で14個あります。ワークに入る前に、今の自分がどのくらい満たされているか、12項目のバランスチェックをしましょう。

図に書き入れた点と点を結んで、12角形を作っていきます。次に、「このくらいになったらいいかな」と思うところまで点の位置を伸ばし、新しい線を引いてみてください。低いところをあげてもいいし、満足しているところをもっと高めたい、でもいいですよ。

この表は、研究されてきた「幸せを高め持続させる行動習慣」を私なりに特に効果があるものをまとめました。

人が幸せになるには、こころの話を考えがちですが、幸せに、健やかなこころと同じくらい、またはそれ以上に大切なのが、からだの健康、人との良いつながり、そして意味を

12 項目バランスチェックシート

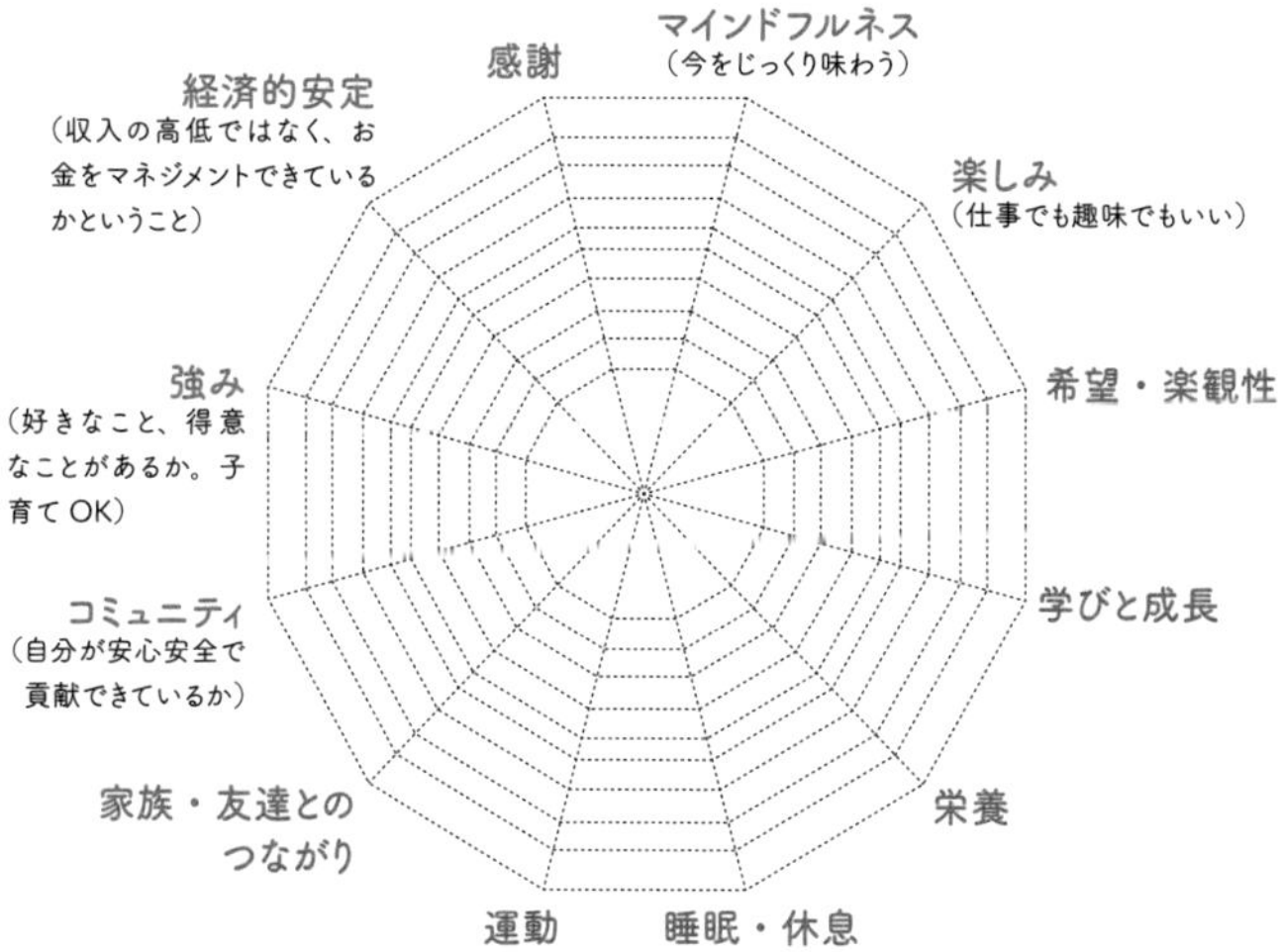

マインドフルネス
（今をじっくり味わう）
楽しみ
（仕事でも趣味でもいい）
希望・楽観性
学びと成長
栄養
睡眠・休息
運動
家族・友達との
つながり
コミュニティ
（自分が安心安全で
貢献できているか）
強み
（好きなこと、得意
なことがあるか。子
育て OK）
経済的安定
（収入の高低ではなく、お
金をマネジメントできている
かということ）
感謝

感じられるキャリアです。
　キャリアとは毎日の時間の多くを費やすもので子育ても立派なキャリアです。

　こころの健やかさ、からだの健康と社会的な健やかさ（つながりとキャリア）がバランス良く高い状態を「ウェルビーイング」といいます。ポイントはバランス。でも全部の項目が10になることを目指さなくていいんです。幸福感が高まるに従って12角形のバランスがとれてくる、と捉えてください。
　この本の最後にもバランスシートを付けてありますので14個のワークを終えた後、もう一度トライしてください。今のバランスとどう変化しているのか楽しみですね。

ワーク
1
感謝の種を見つけよう

「ありがとう」と感謝の言葉を伝えると、言われた相手だけでなく、言った自分も気分がよくなります。あなたもきっと経験していることでしょう。

感謝の気持ちを忘れない人は、そうでない人に比べて、より幸せを感じ、パワフルで、前向きな考え方ができることがわかっています。

感謝はネガティブな感情を溶かしてくれるので、感謝をよく表せる人ほど、不安にかられたり、落ち込んだり、嫉妬したり、孤独感を覚えたりすることが少ないのです。

感謝するほど幸せも増す

幸福感が増す感謝の仕方は、自分から感謝の種を見つけて、その気持ちを示していくことです。

「あの仕事で、力になってくれてありがとう」
「子どもの面倒を見てくれてありがとう」
というように、助けてもらったお礼、心に寄り添ってもらったお礼として具体的な感謝の言葉を伝えることで、「してもらったこと」へのありがたみが増し、幸せが募ります。

何かをしてもらったわけでなくても、感謝することにより、さらに幸福感が増していきます。

例えば、ご飯が美味しい、今日も穏やかに一日を過ごせた、あなたがいてくれて嬉しい、というように、何気ない時間の中にも感謝のもとを見出せるようになると、毎日が幸せで溢れていきます。

人って、つい今の自分に「ない」もののほうへ意識が向きがち。でも、すでに「ある」ものを見つけて感謝するようにしていくと、「ものに依存すること」「人と比較すること」「いいことを当たり前と思ってしまうこと」が減っていくんです。

そして、自分には多くのものが「ある」ことに気づいていくと、周りからどれほどのことをしてもらっているか、自分がどれだけ成し遂げたかにも気づけるようになります。このようにして自己肯定感や自信が高まり、幸福感も高まっていきます。

息ができることにも感謝する

私自身の体験を少しお話ししましょう。友人に連れられてヨガのレッスンを受けたとき、先生がこうおっしゃったのです。

「今日ここでヨガができることに感謝」

「息ができて、体が動いて、マットの上に立てることに感謝」

そこまで感謝できるのかと、私はびっくりしました。正直、そのときの私にはそう思えなかったんです（笑）。

息ができることに感謝。――そんなところまでいくと、全てのことが当たり前ではなく、奇跡のように思えてきます。朝目覚めたときから、幸せでいっぱいになります。

実際その先生は幸せすぎるのでいつもにやけてしまって仕方ないんだとか。

「息ができることに感謝」というところまでいきなりいくのは難しいと思いますが、練習すれば誰でも、感謝のレベルを上げていくことができます。

感謝上手は幸せ上手

感謝のレベルを上げる練習。それが、「3つのいいこと」を毎日書き出していくワークです。1週間続けてみてください。

「今日は特にいいことなかったな～」という場合は、ちょっとマシだったことを書いてみてください。実は、この「マシだったこと」をたくさん見つけられるようになることが大事なんです。

「すごくいいこと」を「いいこと」の標準にしてしまうと、どうにも書き出せなくなってしまいます。「すごくいいこと」って、毎日あるわけじゃないからです。

私にとって「すごくいいこと」といえば、「書籍を書くことになった」でしょうか。でもこれって年に数回の出来事で、ない日のほうが圧倒的に多い。

ですから、「すごくいいこと」でなくても、毎日の中にある当たり前の出来事にどれだけ感謝と幸せを見出せるか、のトレーニングをしていきます。

慣れないうちは、ちょっと難しいかもしれません。「いいことなんて思いつかない」という方もいらっしゃるかもしれませんが、大丈夫！

何かひとつでも書き入れたい、と考えているうちに、「夫が健康でよかった」「今日はカフェで飲んだコーヒーが美味しかった」「実家の母に電話した」などなど、いいことを見つけるのがうまくなっていきますよ。

「あれも、これも、こんなことも」と感謝の種をカウントして、幸せを増やしていきましょう。

たった7日続けるだけで、日常の中に感謝と幸せの種をどんどん見つけられるようになります。

脳内イメージから変えていく

私の講座にいらしてくださったMさん（女性）は、お友達とのメールで「3つのいいこと」のやりとりを3カ月間続けました。続けていくうちに、いいことなど何もなかったと思えるような日でも、よかったことを3つどころか10近くも探せるようになったそうです。

そのMさんから、こんなメッセージをいただきました。
「どんな物事にも、肯定と否定の両面があるのですね。私は物事を肯定的に見られるようになりました。ポジティブに見ることは、『感謝』につながると実感します。人にも物にも、感謝したくなります」

私たちの脳は、エネルギーを節約するために、頭の中にあるもの（思い・考え・イメージなど）と同じもの（現実）だけを見る傾向があります。
ですから、「いつもいいことがある」と信じていると、脳は自然と「いいこと」に目が向くようになります。自分で感謝を探しているからこそ、見えてくる。そういうことなんですね！

【シート①】感謝を感じる1週間

・今日あった「いいこと」を3つ書き出してみましょう。
・右の欄には、3つのうちから1つを選んでどうしてその「いいこと」が起こったのか、そのとき、自分が何をしたのかを書いてみます。

【シート①】感謝を感じる１週間

Day1 ／ ● ● ●	
Day2 ／ ● ● ●	
Day3 ／ ● ● ●	
Day4 ／ ● ● ●	
Day5 ／ ● ● ●	
Day6 ／ ● ● ●	
Day7 ／ ● ● ●	

【ポイント】

・脳は考えていることと同じものを見たがるので、感謝することを探すことで幸せの感度を上げていきましょう。

・次ページからのシートと同じ要領でノートや手帳に書き込んでもいいし、SNSにアップするのもいいですね！　子どもとシェアするのもおすすめです。

・このワークは、寝る前にするのがベスト。幸せな気持ちで眠れます。幸せな気持ちになるとセロトニンという脳内物質が分泌され、それが眠けを誘うメラトニンという物質に変化するので、私は3つ目まで行きつく前に寝てしまうことも（笑）。

【シート②】感謝上手は幸せ上手　振り返りシート

・1週間続けてみて今、感じることは？

・1日目と7日目の感謝の内容にはどのような変化がありましたか？

・書き出したことを振り返ってみましょう。あなたはどんなことで幸せを感じやすいですか？

【シート②】感謝上手は幸せ上手　振り返りシート

・1週間続けてみて今感じることは？

・1日目と7日目の感謝の内容にはどのような変化がありましたか

・書き出したことを振り返ってみましょう。あなたはどんなことで幸せを感じやすいですか？

ワーク
2 「ありがとう」を受け取ろう

感謝の種を見つけて感謝レベルを上げるのと並行して、人に感謝されたことを素直に受け入れていきましょう。受け取り上手は相手を喜ばせ、つながりを深めていけるのです。

謙遜してばかりだと相手は喜ばない

Aさんという方から、こんな素敵なメッセージが寄せられました。

「私は、人にありがとうと言われると、『こんなのなんでもありません。いつもお世話になっているのですから』と答えて、感謝を素直に受け取れませんでした。プレゼントをもらうと、すぐにお返しをしていました。そうしないと嫌われると思っていたんです。

でも、相手の気持ちを素直に受け取ろうと、意識も行動も変えてみたのです。私のほうでも「ありがとう」と言って受け取るようにしていったら、その方はとても喜んでくれました。私は人に愛されていることを実感でき、自己肯定感が高まるのも感じられ、嬉しいことに人とのつながりが増えていきました」

感謝を素直に受け取ろう

せっかく感謝されても、「いえいえ」と謙遜してばかりいる人って、案外多いものですね。受け取ってもらえなければ、相手も悲しいですし、せっかくのつながりを強めるチャンスを逃してしまいます。

「ありがとう」を受け取れる人というのは自己肯定感が高い人なんですね。ワークをしていくうちに「喜んでもらえて嬉しいな」と感謝を上手に受け取れるようになっていきますよ。

受け取り上手になるにはコツと注意点、合わせて7つ！

① Acceptance「どういたしまして」素直に受け取る。
② Amplification 感謝を味わい、「嬉しいわ」など受け取った自分の気持ちも伝える。
③ Advancement「何が役にたった？」と具体的にどんなところが良かったのか聞いて

みる。これは上級レベルかもしれませんね！

しない方がいいのは

④Deflection 感謝に対して無反応な態度。

⑤Rejection「当然のことをしただけです」感謝を受け取らない。

⑥Reciprocation 感謝に対して「私の方こそ」と感謝でお返し。感謝を交換する。

⑦Discounting「あれくらいしかできなくてごめんなさい」と感謝してくれているのに、自分のしたことは十分でなかったとする。

人に親切にして「ありがとう」と言われたときや、それが自分が意識してしたことでないときでも、感謝されたら素直に喜びましょう。

【シート】ありがとうを受け取って

- ありがとうと言われた出来事を書き出してください。
- 受け取ったときに、あなたが何と返したか、自分の言葉も書き入れましょう。
- 「ありがとうを受け取る1週間」にトライ！

【シート】ありがとうを受けとろう！

ありがとうと言われたことは？	何て答えられたかな？

ワーク
3
きらめく過去を思い出そう

あなたは、お子さんが生まれたとき、どんな感情に包まれたでしょうか。腕の中におさまる小さな命の塊。ただ存在しているだけで愛おしさがこみあげてくる、そんな感覚を覚えたのではないでしょうか。

「生きていてくれるだけで嬉しい」そう思っていたはずなのに、子育てにバタバタしているうちに、かつての感情はすっかりどこかへ追いやられ、今は毎日怒っている。——私も身に覚えがあり、ママ友たちと集まって、笑い話のように話したことがあります。

でも本当は、深く反省していたのです。子どもが生まれたときに感じた、涙が出るほどの熱い思いを最近感じていないな。毎日元気でいてくれることを当たり前に思ってしまっていたかも、と。

いい思い出を何度も楽しもう

人生で経験したポジティブな出来事を思い出し、そのときの感動と喜びを何度も味わうことは、幸福を感じるための重要な要素です。

良いことが起るだけでは十分でないのです。それをしっかり味わって初めて幸せは生まれます。

Aさんは、ガミガミ怒ってばかりだと反省したときには決まって、息子さんが生まれた日のことを、短編映画でも観るように鮮明に思い出すようにしているそうです。

それはきっと、こんな感じでしょう。

「これって陣痛なのかな」と、あわてて夜中の町をタクシーに乗って病院へ向かった。初めての出産に対する不安と新しい世界への希望がないまぜになって、ハラハラドキドキ。窓から見えるのは見慣れた町の景色のはずなのに、全く知らない場所に思えてしまう。あのとき車中に流れていたラジオの声、今もなんとなく覚えているような気がする……。

そして、陣痛に苦しみながら思ったこと。無事に生まれた瞬間の感覚。聞こえてきたのは助産師さんの声。

こんなふうに、Ａさんは鮮明によみがえる記憶にどっぷりと浸って幸福感を味わってから、今に戻るようにしているとのこと。そうすると、今は８歳になった息子さんを見て、「あのときの赤ちゃんがこんなに成長してくれた。そのことにただただ感動できるんです」とお話ししてくださいました。

Ａさんは、こうも言っています。

「今はなんだかんだと注意しちゃうけど、笑って元気に跳ね回るくらい大きくなってくれて本当に嬉しい！　そんな気持ちに自然となれるんですよね。あの子が生まれてくれてからずっと幸せなんだ、私」と。

思い出を共有する人がいれば幸せは膨らむ

あなたが幸せをめいっぱい感じたのは、どんなことだったでしょう。

初恋が叶ったとき、合格発表の掲示板に自分の番号を見たとき、コンクールで入賞して泣いた日、初めての一人暮らしで大人になったことを実感したとき、結婚式、誕生した我が子を初めて抱いたとき。あの日、あの時、私は最高に幸せだった。

そのときに感じた幸福感をありありと思い出すことで、「自分の人生には価値がある」と教えられ、現在の幸福感もぐんと引き上げられます。

過去に経験したポジティブな気持ちが、今の自分を高めてくれるのです。思い出しましょう、あの日の感動を。

思い出を共有できる人がいれば、話してみるのがおすすめです。お子さんにも話してあげるといいですよ。幸せがもっと膨らんでいきます。

「思い出ツリー」を作ってみよう

良かったことを思い出しやすくする、きっかけつくりも大切です。

私の家では、今年から「思い出ツリー」(勝手に名付けました)を始めました。

子どもたちがまだ赤ちゃんだった頃からの思い出が詰まった品はいろいろとあるのですが、なかでも特に大切にとっておいたものを、クリスマスツリーのオーナメントにして飾っているんです。

「あ、これは息子が赤ちゃんのとき大好きだったガラガラだね」

「娘の大好きだったポニーだね」

と思い出を語り合いながら、家族総出でツリーの飾り付けをします。これを毎年恒例の

思い出ツリー

コツ

子どもが小さかったときに好きだったおもちゃ、作った作品。捨てられずにしまっていたものたちをオーナメントの主役に！

効用

飾り付けていくうちに「あの頃」の幸福感が蘇ります。「あなたが赤ちゃんのときにね」と、子どもたちに思い出を話しながらすると一層、幸せを味わうことができます。

家族行事にするというのは、我ながらとてもいいアイデアだと思っています。

思い出の写真を壁に飾るというのも素敵なアイデアですが、写真がずっと出っぱなしになっていると、見慣れてしまうでしょう。だから、あえて年に1回だけ。これなら、いつまでも新鮮な幸せを感じられますよね。

思い出ツリーの飾りつけは、きらめく過去を思い出す「ワーク」になります。

【シート①】 きらめく過去を思い出す

・最高に幸せだった日の出来事を思い出して、その日のことを書いてみましょう。

・その日の自分はどんな服を着ていた？　空は晴れ

【シート①】きらめく過去を思い出す

①最高に幸せだった日の出来事は？

②写真があれば貼りましょう。

③思い出を共有できる人は？

ていた？　誰といて、どんな言葉をかけてもらった？　映画のように思い出して浸ってください。

・写真があれば貼ってみましょう。携帯やアルバムの写真を見ながら思い出してみます。

・思い出を共有できる人がいたら書き出してみましょう。その人と思い出話をするなど、シェアすることで、幸福感はさらに高まります。会って話す、電話、メール、手紙など、シェアする方法はいろいろありますね。

【ポイント】

・絵や映画を観るように、脳内のスクリーンに思い出を映し出してください。

・一度で終わらせず、何度も反芻してください。思い出すごとに、ポジティブな気持ちが長続きするようになり、幸福感がアップ！

【シート②】きらめく過去を思い出す　振り返りシート

・どんな気持ちになりましたか？

・あなたを幸せにするものは何でしたか？

【シート②】きらめく過去を思い出す　振り返りシート

・どんな気持ちになりましたか？

・あなたを幸せにするものは何でしたか？

ワーク 4

「今」を1週間感じよう

ママをしている私たちは「今」をこなすのに必死で、意識して今を味わうことなどできないというのが現実です。

家族の誰よりも早く起きて、朝ごはんの支度にお弁当作り。通勤電車に揺られながらネットで買い出し、歩きながら子どもの習い事スケジュール調整、お皿を洗いながら明日のお弁当のおかずに思いを巡らせ……。

いつも何かしながら、頭の片隅で別のことを考えている方も多いのではないでしょうか。効率を上げようとすると、ついついそうなってしまいますよね。それができてしまうのが女性の特徴です。

でも、同時に2つのことをしているから、いつも何かに追い立てられているようで、気持ちは疲弊してしまう。安らぐ時間もなく、幸せを感じにくい状態でもあります。

脳が幸せを感じやすい状態を作りだす

ならば、幸せを感じやすい状態に作り替えましょう。「これをしなきゃ、あれもしなきゃ」と、ToDoリストをこなすことでいっぱいの頭から、「今を感じる」へと変換！　そのためにすべきことは「目の前のことだけに意識を向ける」、それだけです。

例えば、お皿を洗っているときは、「お湯が温かい」「このお皿もだいぶ長く使ってるな」「うわ、油がべっとり」などなど、温度、手触り、ふと思いつくことなど、お皿を洗っていることにだけ意識を集中します。

駅へ向かって歩く道では、「こんなところに家ができた」「バラが咲いてる」「みんな早足だなあ」「子どもたちの声が響いてるな」というように、何が見えるか、どんな音が聞こえてくるか、今この瞬間を楽しみます。

日常の「今、ここ」をたくさん見つけて味わおう

Yさんはこのワークをした後、ある雪の積もった朝に、冷たい空気の中を歩きました。い

つもなら「寒いなぁ〜、冷たいなぁ」と背中を丸めてイヤイヤ歩くところですが、その朝は「葉っぱの落ちた枝に雪が積もって、白く見える木がきれい！」と、自然の美しさを心から味わうことができたそうです。

今この瞬間に意識を向け、焦点をあてることで、平凡すぎて退屈とも感じられた日常の中に、驚くほど多くの喜びと感謝を見つけられるようになっていきます。「今、この瞬間」を意識して感じることは、幸福感を得るのにとても有効な方法なのです。

それではさっそく、「今」を感じる1週間のワークを行ってみましょう。変化していく自分を楽しんでください。

【シート①】「今」を感じる1週間

1日に1つ、左枠には何に焦点をあてて味わうかを、右枠には、してみた後で感じたこと、見い出した喜びを書いていきます。

【ポイント】

・食事、シャワー、服選び、歯磨き、通勤など、いつも急いですませていることから焦点をあてるテーマを選んでみましょう。

【シート②】「今」を感じる1週間　振り返りシート

・どんなふうにして、これまでと違う経験にしたのですか？　感じ方、見方を変えた工夫を書き出してみましょう。

・それを急いですませたときと比べて、どんな感じがしましたか？

【シート①】今を感じる１週間

焦点をあてるテーマ	やった後の気持ち
♡	
♡	
♡	
♡	
♡	
♡	
♡	

【シート②】今を感じる1週間　振り返りシート

・感じ方、見方を変えた工夫点は？

・それを急いですませたときの違いは？

ワーク

5

私の「夢中」を再発見しよう

画家が絵を描き始めると、空腹も疲労も全く感じないほど没頭して創作にふけるように、人は自分がものすごく好きなことに夢中になります。

時の経つのも忘れて夢中になっているときって、この上なく幸せですよね。

小説、マンガ、編み物、ゲーム、スポーツなど、何でもいいのです。没頭することが多いほど、人生は充実します。

時間を忘れるほど何かに没頭している状態を、心理学では「フロー体験」と言います。そして、幸せな人の共通点として挙げられるのが、「フロー体験が豊富である」ということです。

フローが多いほど幸せになれる

フローは、画家やロッククライマーなど何か特別なことをしている人にだけ起こるわけではありません。また、大きな仕事に関わっているから起こるわけでもないんですね。生きているあらゆる場面で、誰にでもフローは起こり得ます。自分で起こすこともできます。

中学生の頃の私は編み物に夢中で、いったん編み始めると時間を忘れ、気がつくと夜中になっていた、ということがよくありました。そのせいでいつも寝不足でした。

そんなある日、難しい模様のマフラー編みに挑戦したくて、お手本となる編み物製図本を買ったのですが、寝不足の頭ではさっぱり解読できず、あーでもないこーでもないと何回もほどいて。できなくてイライラもしているんです（笑）。

でも、ついにマフラーが完成したときの充実感といったら！　すぐにまた、やりたくなってしまうんですよね。その私は完全なフロー状態。

あなたも、そんな体験をしたことがあるでしょう？

没頭しているからといって、その間ずっと幸せを感じているわけではないのです。でも終わったときには、充実感を感じる。それがフローです。

そしてまた、フローの特徴は、やればやるほど元気になってしまうこと！

だからこそ、フローが多いほど幸せに生きることができるのです。人生に、やりがい、生きがい、意味を感じられるんですね。

【フローの特徴】

・自分がやりたくてやっているので、ものすごく楽しい。それをすること自体がごほうび。

・その瞬間ごとに高い集中力が発揮され、まるで世界と一体化したような感覚を味わう（読んでいる小説の世界に溶け込み、自分もその中で生きているような感覚ですね。あるいは、ロッククライミングに夢中になっている人が、自分も石になって一体化しちゃうような感覚です）。

・それをしていると、あっという間に時間が過ぎる。

・難問に挑戦しなければならない局面もあったりして、必ずしも常に幸せ感でいっぱいというわけではないけれど、終わった後は大きな充実感を感じる。

大好きなことを最優先してOK

講座を受講してくださったYさんは、「夢中」再発見のワークに1週間かけて取り組みました。その結果、自分が何よりも夢中になれるのは、趣味として続けてきた羊毛フェルトの手芸だとわかり、より積極的に没頭することになったのです。

それまでのYさんは、「仕事や家事など、自分のやるべきことをやってからでないと、趣味に時間を費やしてはいけない」と思っていたそうです。好きなことは後回し、と自分ルールを作っていたんですね。

でも、「フローが起こるとエネルギーが湧く」と知ってからは、朝一番に大好きな羊毛フェルトの時間をとることにしました。すると家事が一気にはかどるようになったとのこと。

そして、Yさんはこう言っています。

「自分で勝手に作った枠にとらわれていたことがわかりました。自分は自由でエネルギーに満ちていると感じられるようになりました!」

なんと嬉しいご報告でしょう。子育てが終わったらと先送りしないで、今すぐすることがポイントです。

さあ、あなたも今までの人生で体験したフローを全部書き出してみましょう。昔やっていたけど、今は時間がなくてやっていないことをするのって、すごくいいんですよ。フローが起こって、奇跡のように幸福感を高めてくれます。

【シート①】私の「夢中」再発見

生まれてから今までに経験した楽しかったことを人生のステージに分けて書き出してみましょう。その中から１つ選んで丸をつけ、それをこの１週間で２回以上やってみます。

【ポイント】

誰かに知られるわけではないので、本当のことを書き出してください（大好きなのは読書すること、なんて優等生ぶらなくてよし）。

【シート②】私の「夢中」再発見　振り返りシート

・何をいつ、どれくらいやりましたか？

・やってみて、どうでしたか？

・フロー体験をする前と後で変化はありましたか？（幸せ感や活力レベルなど）

【シート①】私の「夢中」再発見

・入学前
・小学生
・中学生
・高校生
・高校以降、仕事に就くまで
・社会人
・今したいこと、ずっとしてみたいと思っていたこと

【シート②】私の「夢中」再発見　振り返りシート

・何をいつどのくらいやりましたか？

・やってみてどうでしたか？

・フローの前後の変化は？

ワーク
6
楽観思考にチェンジ！

「うまくいきそうな気がする」

「私の将来には、きっといいことがある」

そんなふうに根拠のない自信がある人っていますよね。

「うちの子って、なぜか根拠のない自信があるんです。僕、絶対リレーの選手になれるって。自分より速い子たくさんいるんですけどね」

なんて笑って、あきれて、それでも本当は嬉しくて、楽しそうに話してくれるママもいます。

子どもの「根拠のない自信」に呆れつつも嬉しそうなのは、それが「いいもの」だととらえているからなんですよね。実はその感覚、合っているんです。

人それぞれ考え方に癖がある

「楽観的な人は何をやっても成功しやすい」ということが、科学的に証明されています。

ポジティブ心理学を提唱したセリグマン博士の著書『オプティミストはなぜ成功するのか』によると、大統領候補の演説では、どれくらい楽観的なことを言っているかで、当選するかどうかが９割予測できたとのこと。

楽観的か悲観的かは「生まれつきの性格」によると思われがちですが、実はこれ、考え方の癖なんですね。人間の思考方法には癖があって、楽観的な人と悲観的な人とではその癖の内容が正反対。同じ事柄に対して、

①相手のせいか、自分のせいか
②今だけなのか、いつもなのか
③それはそのことだけに関係しているのか、すべてに関係しているのか

と、３つの軸で見比べると、その違いがよくわかります。

例えば、テストで50点しか取れなかったとき、どう思うかです。

①相手のせいか、自分のせいか

楽観的な人↓テストが難しかったんだ。相手（事柄）が悪い。

悲観的な人↓自分が悪い。頭が悪い。

②今だけなのか、いつもなのか

楽観的な人↓今は50点だけど、いつか100点を取れる（今だけ悪い）。

悲観的な人↓今50点なら、ずっと50点だ（いつも悪い）。

③それはそのことだけに関係しているのか、すべてに関係しているのか

楽観的な人↓算数は50点だったけど、国語は100点取れる（悪かったのは算数だけ）。

悲観的な人↓算数が50点だったから、国語も50点だ（算数以外もすべてが悪くなる）。

こうして比べてみると、楽観的に考えるほうが、どうしたって人生うまく乗り切れそうですね。

私は基本的には、何事も自分のせいと考えてしまう悲観思考です。でも、癖というのは

トレーニングによって変えることができるんですね。私の場合は、心理学を学ぶことで、自分の思考癖を変えることができました。

変えられない人格だと思っていた悲観思考も、実はこれまでの環境が作った癖です。思考を変える方法を知れば、誰でも楽観思考になれるのです。

「私が悲観思考だったのは、環境のせいだったんだ」そう思ってください。

「悪いのは私じゃなく環境のせい」というのも楽観思考ですね！

悲観思考を楽観思考に切り替える

友達にラインをして返事がないと、「私のせい」と思ってしまっていたKさん。そんな自分がいやで、楽観思考のトレーニングを始めたそうです。すると、「相手からすぐに返事がないのは、単に忙しいからだけなのかもしれない」と思うようになり、その他のこともあまり心配せずに暮らせるようになったとのことです。

「何かうまくできなかったとき、今までずっとそうだったし、これからもずっとそうだなどと考える癖がついていましたが、よく考えると、これまでもできたことはあるし、これからも何か改善すればもっとできるようになる、と希望が持てました。そして、『私はなんてダメなんだろう』『全部ダメだ』と自分を責めないで、今問題となっている物事だけに意識をフォーカスすることができるようになり、とても楽になりました」

そう語ってくれたKさんのように、人はみな、思考を変えることができるんですね。

子育てがうまくいっていないと感じるときも、「親の自分が悪い。親がダメだからなんだ」ではなく、

「ちょっとワンオペだし、環境や状況が悪いのかな」

「まだ、新米ママだからな～。スキルが足りないせいだね」

というように、楽観的に考えましょう。

子どもがテストで50点取ってきたときも、「あなたの能力がないからだよ」「このままだと次も同じようになるよ」と言うのではなくて、

「先生がテストを難しく作りすぎちゃったかもね」

「今回は50点だったけど、勉強したら次はできるんじゃない」

と伝えてみましょう。


「50点しか取れないうちの息子って、何をやってもダメ」と考えるのではなくて、「国語は苦手だけど、絵を描くのが得意だよね」って考えてみるのもいいですね。

「本当にそうなの？」で楽観思考に

つい癖で、「こんなこともできなくて、うちの子はダメな子」と思ってしまうときは、「でも、これができないからって、この子の全てがダメってことになるのかな」と自分に問いかけてみてください。「いやいや、そんなこと全然ないでしょ」と考え直すことができますよ。


「本当にそうなの？」

「他にも可能性があるんじゃない？」

【シート①】楽観思考にチェンジ！

今の課題

①自分以外の原因は？

②過去にうまくいったことは？

③課題以外のことでうまくいったことは？

と自分に問いかけるトレーニングをして、思考をひとつずつ、悲観から楽観に変換していきましょう。

仕事に失敗した友達が「私はダメだ」と自分を責めているとき、ママ友が「うちの子はどうしようもない」と嘆いているときには、

「あなたのせいじゃないよ」

「うまくいくときもあるじゃん」

「あなたにはこんないいところがある」

と言ってあげられますよね。自分に対してもそんな視点を持って、次のシートを埋めていきましょう！

【シート①】楽観思考にチェンジ！

解決したいこと、ショックだったことなどの今の課題を書いてみましょう。

・自分のせいか、自分のせいではないか

・いつもか、いつもじゃないか
・全部か、全部じゃないか
この3つの質問に答えて、楽観思考に変化させましょう。

【ポイント】
・自分の性格や能力以外の原因が考えられますか？（環境や、自分のコンディションや、他の人たちの言動が関係していた？）いくつでも思いつくままに書いてみましょう。
・いつもそうなのでしょうか？　少しでもうまくいったときのことを書き出してみましょう。
・「全て」でない可能性を考えてみましょう。課題以外のことであなたの人生でうまくいっていることはなんでしょうか？

（例）［今の課題］子どもが学校に行けない日が増えてきた。このままずっと行けないようになってしまうのだろうか。

【シート②】楽観思考にチェンジ！　振り返りシート

・ワークをしてみて感じたことは？

①気候の変化で体調がよくないのかも。友達とケンカしてしまったのかも。勉強についていけないないのを言えずにいるのかも。朝起きるのが辛いのかも。

②先月は1日休んだだけで、あとはちゃんと通っていた。今月も週に2日は行っているかな。その日の朝は機嫌よく起きて行ってたよね。

③習い事のダンスには笑顔で行くし、友達とも仲良く楽しそうに過ごしている。人づきあいは苦手ではなさそう。ちゃんと友達を大事にしているし、大事にされている。

【シート②】楽観思考にチェンジ！ 振り返りシート
ワークをして感じたことを、素直に全て書き出してみてください。

相手の気持ちを考えすぎない

「相手の気持ちを考えすぎない」は人間関係のストレスを減らし、自分らしく生きられるようになる楽観思考の重要要素です。優しい人、気が利く人ほど「これって出すぎたまねじゃないかな」「こんなこと言ったら迷惑かな」と自分の言動を抑えてしまう傾向にあります。

コミュニケーションには3つのタイプがあると言われています。1つは「受身的」で、自分を抑え相手に合わせるコミュニケーション、もう1つは、その逆で相手を責め、自分を押し付ける「攻撃的」なコミュニケーションです。

コミュニケーションはこの2つの方法しかないと思っている人は「自分の気持ちを表現する＝相手を批判すること。相手を傷つけてしまうこと」だとして、自分の気持ちを我慢してしまいます。

日本では、自分を抑えるのが美徳という考え方もあり、我慢している人も多いですが、実は受身と攻撃性は紙一重。溜まりに溜まった我慢はいつか爆発し、結局は関係性を壊してしまうことにもなりかねません。熟年離婚などはその典型的な例ですね。

3つ目のコミュニケーションは「受け身」と「攻撃」のちょうど間。相手も自分も大切にするコミュニケーションスタイルです。アサーションと呼ばれています。

このコミュニケーションは、人生の立場と関係していると言われています。

受身的なコミュニケーションはI am not OK, you are OK

攻撃的なコミュニケーションは　I am OK, you are not OK

アサーティブなコミュニケーションは　I am OK, you are OK の状態です。

「自己を肯定している」というのは、I am OK な状態で、本当の自己肯定というのは、優劣ではなく、多様性を受け入れるということなので、I am OK, プラス you are OK という状態のこと。

アサーションはそれを可能にするコミュニケーションスキルなんです。

きっとこういうと傷つくだろうとか、嫌われるだろうとか、いろいろ考えて行動できないことは多くありますが、それは自分勝手な「思い込み」だったなんてことありませんか。

自分の想いを伝えてみたら、「あれ？　こんなにあっさり受け入れてもらえるなんて」と驚くことも往々にしてあるのです。

私たちができることは、気持ちを伝え、そのあと相手がどう思うかは相手にゆだねる。それだけなんですね。

NYに在住のOさんは学校のボランティアもやってみたいけど、「私より他の人の方がいいのでは、私じゃ役に立たないかな」。仲良くしたいなぁと思うママがいても、「日本人で英語も微妙な私が誘っても迷惑かな」と、相手の気持ちを勝手に推測して、なかなか一歩が出ない日々を過ごしていました。

講座に参加してくださり、アサーティブコミュニケーションを学んでから、相手が何を思っているか考えて抑えてきた自分の気持ちを、コミュニケーションスキルを使って伝えてみることに。

思い切って買い物に誘ってみると、それをきっかけに、始終出かけるようになり、親の違う姉妹と言い合うくらい仲良くなれたそうです。

「この経験で、相手がどう思うかなんて考えてもわかる訳が無いと思うようになり、私がやりますよ〜と、ボランティアもするし、どんどん知らない人にも話しかけるようになりました。『自分なんかがでしゃばっても……』という考えで動かないままよりも、英語があまりできない人は募集していないかもしれませんが、私もボランティアに参加させて欲しいなど伝えられるようになりました。伝えてみると嬉しい返事が相手からくることがわかり、自己肯定感は確実に上がったと思います」

本当に嬉しいご報告です。

また、私が開催したNYツアーに参加されたYさんとMさん。お2人ともお子さんが3人いらっしゃるため、「参加したいけど、きっと無理」と思っていたそうです。でも、勇気を出してパートナーに「あなたに子どもを預けて、行ってもいい?」と聞いてみると、あっさりOK。慌てて準備しましたと教えてくれました。

ツアーに参加した後は、夫への感謝の気持ちが増し、言いたいことを我慢していた頃よりぐっと夫婦関係が良くなったそうです。

伝えたら、あとは相手にゆだねていく。そんなI am OK, you are OKなコミュニケーションスキルを「楽観思考にチェンジ！」２つ目のワークで身につけてしまいましょう！

【シート①】相手の気持ちを考えすぎない

アサーティブなコミュニケーションDESC法をご紹介！

Describe（描写する）、Express（表現する）、Specify（提案する）、Choose（代案）の4つのステップでコミュニケーションを進める方法です。

・Describe 描写するでは、状況や相手の行動を、「〜ですね」という形で、客観的な事実を描写します。

・Express 表現する、では、「私は〜と感じています」自分の主観的な気持ちを伝えます。または、Explain（説明する）「〜という理由だからです」というように気持ちや考えを説明する、Empathize（共感する）「あなたが〜なのはわかります」というように、相手の気持ちや努力を認めるというコミュニケーションも使えます。

・Specify 提案する、では、「〜してはどうでしょうか?」というように、具体的な提案をします。

・Choose 代案では、「それがだめなら〜はどうでしょうか?」というように、他の選択肢も提案します。

例えば、日曜日は子どもをほったらかして、自分の趣味に出かけてしまう夫に対して、

Describe（描写する）「毎週日曜日はジムに行っているよね」

Express（表現する）「私はせっかくあなたがいる日なんだから、子どもたちと遊んであげて欲しいなと思っているの。子どもたちも喜ぶわ」

Empathize（共感する）「普段仕事が忙しいから、休みの日は体を動かしたい気持ち、私もわかるな」

Specify（提案する）「子どもとすごす日曜日を作ってあげてくれない?」

Choose（代案）「どうしても毎週ジムに行きたいなら、はやく切り上げて、終わってから子どもと遊ぶのはどう?」

こんなふうにDESCで会話を進めてみます。

【シート②】相手の気持ちを考えすぎない　振り返りシート

・書き出してみて感じたことはどんなことでしょう?

・実際に相手に伝えてみて、相手の反応はどうだったでしょうか?　どのような話し合いにすることができましたか。

【シート①】相手の気持ちを考えすぎない

困っているけれど相手に言えないと思っていることに対して、DESC 法を使ったら、どんなふうに伝えられるか書き出して考えていきましょう。

・言いにくいけど、モヤモヤしていることは？

Describe（描写）

Express, Explain, Emphasize（表現・説明・共感）

Specify（提案）

Choose（代案）

このワークであげたように、相手に伝えてみましょう。またはそれが難しければ、他の場面で、DESC 法を意識してみましょう。

【シート②】相手の気持ちを考えすぎない　振り返りシート

・書き出してみて感じたことはどんなことでしょう？

・実際に相手に伝えてみて、相手の反応はどうだったでしょうか？どのような話し合いにすることができましたか。

ワーク 7

「最高の自分」を思い描こう

自分の中にある楽観性を引き出すために、とっておきの方法があります。そのひとつが、「最高の自分」を思い描くことです。

『幸せがずっと続く12の行動習慣』の著者ソニア・リュボミアスキーの実験によると、「最高の自分像」を自宅で4週間、好きなだけ、何度でも思い描くようにした人たちの気分は目覚ましくポジティブなものになりました。

「最高の自分」をイメージしてみる

思い描くのは、夢を全部叶えた未来の自分。その姿を書き出すこと自体が楽しくて、幸福感が増すことは確実です。脳は実際起こっていることと想像していることの区別がつかないので、本当に起こったときのような幸せホルモンが出るからなんですね。

そしてもうひとつの大きな効果は、理想の未来をありありと描くことで、そこに到達するために今の自分がどう行動すべきか、脳が逆算して考え始めることです。

近い将来、最高の自分になるために、今から行動を起こすようになるんですね。これは「今の自分」を最高にすることでもあります。

「そんなの叶うはずないよ」と言われそうなことでもいいんです。夢を実現した自分を鮮明に思い描くことで、「自分にはそれが達成できるんだ」という自信と、行動を始めるエネルギーが湧き起こります。楽観思考のベースができあがっていくんですね。

楽観思考になるとトラブルが減る

楽観思考になると、

①あきらめない

②困難と思われる問題にも解決法を見出す

この2つができるようになります。

自分は目標を達成できると信じているから、あきらめずに続けられるのです。行く手を阻む深刻なトラブルが起こったときも、事態を冷静にとらえながらポジティブな発想をし、「こんなふうにいるといいのでは」と効果的な対応をすることができるのです。

私の友人たちは、この2つの力を使って、トラブルをトラブルとしないで生き抜く名人ばかりです。

そのひとりが、新しい事業をパートナーと共に始めたゆみさん。しかし、たくさんの人とつながって事業を展開していきたいゆみさんに対し、パートナーのほうは自分の管轄下でだけ取り引きを進めたいと考えていたので、方向性が食い違ってしまいました。すでに事業は動き出しているのに、大変なトラブル続きです。でもゆみさんは、とっても前向きにとらえていたんです。

「パートナーの意見を取り入れると広がりが限られるけど、この大変な時期を乗り越えれば、新たな場に広がりが生まれそう」と。

あきらめずに、解決方法を見出していますね！ なんとも素敵な楽観思考です。

「理想を叶えた5年後の私」を思い描く

「楽観思考って生まれつきのものでしょ」と、あきらめないでください。生まれつき楽観的な人もいるかもしれませんが、楽観性の高い人の大半はトレーニングによって身につけたのです。

先天的な楽観思考よりも、後天的に身につけた人のほうが、楽観と悲観をバランスよく使い分けることができます。上手に楽観思考を使う人は、必要な際には悲観的に観察し、リスクに対し慎重になることもできるのです。

物事をポジティブに解釈して希望を見出す楽観思考、それは誰もができることです。「あら、私って生まれつきの楽観思考だったのかも」と思うくらい、すっかりあなたの一部になっていきます。

次に行っていただくワークでは、今の自分が「5年後の自分」をイメージするという設定になっています。

今、叶えたいことがありますか？

5年後のあなたはそれを全部叶えています。努力は全て実を結んでいます。

【シート①】5年後は理想の私になっている

・どんな仕事を誰と一緒にしている？
・どんな家に住んでいる？
・どんな服を着ている？
・1日のスケジュールは？
・家族はどんなふうに成長している？
・休みの日は何をしている？

【ポイント】

鮮明に描けば描くほど、その夢が現実になる確率は高まります。5年後のあなたは、誰にどんなふうに話しかけていますか？　セリフまでつけてリアルに描きましょう。

（例）
・本を出版している。
・日当りのいい広い家に住んでいる。

【シート②】理想の5年後をビジュアルで表現

雑誌の切り抜き、写真を貼ったり、イラストを描いたりして、理想の5年後を表現してみましょう。

そして次の1週間は、その自分になったようにふるまってみましょう。

【シート③】5年後は理想の私になっている　振り返りシート

・1週間やってみて、どんな気持ちでしたか？

・理想の未来が少しでもすでに実現していることはありますか？

【シート①】5年後は理想の私になっている　5年後＿＿歳の私は……♡

♡どんな仕事をしている？誰と一緒に？	♡どんな家に住んでいる？
♡どんな服を着ている？	♡1日のスケジュールは？
♡家族はどんなふうに成長している？	♡休みの日は何をしている？

【シート②】理想の5年後をビジュアルで表現

雑誌の切り抜きや写真を貼ったりイラストを描いたりして、
理想の5年後をコラージュして作っていきましょう。

【シート③】5年後は理想の私になっている　振り返りシート

・やってみてどんな気持ちでしたか？

・理想の未来が少しでもすでに実現していることはありますか？

ワーク
8 ネガティブな感情はいったん保留！

例えば、あなたは町で友達を見かけ、手を振ったけれど、相手は振り返してこなかった。そんなとき、どんな気持ちになりますか？

「無視された」と落ち込むでしょうか。それとも、「気がつかなかったんだな」と、さらっと流せるでしょうか。

手を振ってもらえなかったから落ち込んだと思いがちですが、本当は、「無視された」「嫌われているのかも」と考えたから落ち込んだわけです。

「気づかなかったのね」「コンタクト入れるのを忘れて、よく見えなかったのかも」と考えた人は、落ち込まないですむんですね。

こんなふうに、思考と感情のコネクションはとっても強いのです。

出来事と自分の悲観思考を切り離す

美しい夕日を眺めながら、「こんなにきれいな夕日を見ている私って本当に幸せ」と思うこともできるし、「一緒に見る人がいない私って不幸」と思うこともできます。

つまり、現実に起きている出来事をどう解釈するか。その思考の違いが、ネガティブだったりポジティブだったりで、感情を決めています。

ですから私は、落ち込みそうなことが起こったときなど、「夕日は夕日」と自分に声をかけるようにしています。出来事と自分の悲観思考を切り離すための合図です。

感情は思考から発生するので、感情だけ「落ち込まないように」することは難しい、ということがおわかりいただけたでしょうか。

感情を変えるには、まずは思考を変えることが効果的です。

ネガティブな感情に流されないコツ

もうひとつ、私の体験エピソードを紹介しますね。

政府の関係者に向けて講演をする機会をいただいたときのことです。私のことを全く知らない方々へ向けての講演は初めての経験でした。それまでの講演では、私のしていることに興味を持って来てくださる方々が多かったので、会場内に温かい雰囲気がありました。今回はそれがない（笑）。まったくのアウェイでした。

それだけでも辛いのに、私の仕事や実績にまるで興味のない人々を相手に、惹きつける話をするのは超困難。私は自分の話術の拙さを痛感し、「まだまだだなあ」と落ち込みました。

でも、そんなときこそ即、「夕日は夕日！」と唱えて、ネガティブ思考と感情を保留にしちゃうのです。

本当は、ネガティブな自分でもいいんです。ネガティブなのも大切な感情の一部ですから。でも、考えると悲しくなって、また考えて悲しくなってという状態がずっと続くのはキツイですよね。だから、ネガティブな感情が出てきたら、いったん「保留」してしまう。そうすると、考えては落ち込んでというループから外れることができます。

そして、保留ができるようになると、感情自体が次第に薄らいで、心が軽くなっていきます。

私の場合は、ネガティブな感情をいったん据え置くことにして、少し時間が経ってみると、「今後はもっと話術を磨いていこう」と意気込みが湧いてきました。話し方を工夫するアイデアもいくつも考えつきました。

「今日の講演、失敗しちゃった」とネガティブに解釈していたことも、「自分にこんな気づきを与えてくれるためだったんだ」とポジティブに考えられるようになったのです。これ、本当です。

私と同じように、ついネガティブに考えてしまう悪い癖をやめたいという方におすすめのワークがあります。落ち込んだり、悲しくなったり、不安になったり、ネガティブな気持ちになったときに、それをいったん保留にする練習をしていきましょう。

【シート①】ネガティブな感情はいったん保留！

何かネガティブな気持ちや考えが湧いてきて、それがずっと続きそうなとき、そして今はそのことで何もできないとき、どのようにその思考をストップするか。あなたのアイデアを書いてみましょう。

例えば……？

・ガラガラ、ガッシャーンと自分の中でシャッターが閉まる音を唱える。
・家事・仕事、マインドフルに目の前のことに意識を向ける。
・会社の帰り道にある公園の外周をぐるぐる何回も歩く。
・ヨガをして、ひたすら体を動かすことに集中する。

【シート②】ネガティブな感情はいったん保留！　振り返りシート

やってみてどうでしたか？
どんなことに気がつきましたか？
ささいなことまで、気持ちの変化を思い出してください。

【シート①】ネガティブはいったん保留！

ネガティブ思考を保留するあなたのアイデア

【シート②】ネガティブはいったん保留！　振り返りシート

やってみて気づいたことは？

ワーク
9 動いてさっぱり、体が整う1週間

私のセミナーや講演に集まってくれたみなさんに「日頃、運動していますか?」と聞くと、「社会人になってからはしていません」という返答がとても多く返ってきます。

ママたちも、子どもが幼い頃は公園三昧で、いきなり走り出す我が子を追いかけて動き回っていたと言うのですが、その動きは「運動」とはちょっと違います。公園では無理な動きをしていて、自分のための運動をしているわけではないんですね。

ですから私は相談を受けるたびに、「自分のために時間をとって運動してください」とお伝えしています。運動すると幸せになれることが、科学的に実証されているからです。

幸せを感じるホルモン「セロトニン」

「セロトニン」という言葉を聞いたことがあるでしょうか。健康番組で耳にしたことがあるかもしれません。これは脳内にある伝達物質のひとつで、幸福感をもたらしてくれるホルモンといわれています。幸せを感じられる人は、このセロトニンが多いのです。

「じゃあ、私も幸せになりたいからセロトニンを増やしたいです！」というときに最も効果的なのは、運動をすることです。運動をしたときに増えるセロトニンの効果は抗うつ剤と同じくらいハイレベルだ、ということも証明されています。

不安や悩みを抱えている人も、運動をしている間は体を動かすことにだけ集中しているので、余計なことやネガティブなことを考えずにいられます。

幸せが持続する運動タイム

10年以上ヨガを続けているSさんにその理由を伺うと、「ポジティブな気持ちになれるから」と教えてくれました。

「悩みがあると、ぐるぐるといつまでも考えてしまうけれど、ヨガをしている間は体を動かすことだけに意識が向かうから、自然と考えることをやめられるんです。ヨガを終えた後は、自分の中からネガティブなものを一掃できた感覚があって、自分のままでいいんだなって思える。だから私はずっとヨガをしているんです」

ヨガに限らず、運動全般に威力があります。ストレスやネガティブをいったん切り離し、幸福を感じられるようになるのです。

「でも、運動なんて面倒くさい」というのが私たちの本音ですよね。「やらなきゃ」という気持ちに駆られて、自分に不向きな運動をしても続きません。

運動するうえで大事なポイントは、無理なく続けられるものを選ぶこと。例えばウォーキング、筋トレ、バランスボール、ＹｏｕＴｕｂｅを見ながらダンス、ヨガ、ひと駅歩くなど、好きなことがいいんです。

長時間がんばる必要はありません。わずか20分の運動で、ちゃんとセロトニンが出てくれるので、最長12時間の幸福が持続することが証明されています。

「20分なら自分にもできるかも」と、さっそく朝の散歩と、週2回のジム通いを始めた方がいます。Ｍさんという女性で、中学2年生の息子さんがいます。

「朝から運動をすると、その日1日すっきりした気分で過ごせます。息子も隔日で朝一番に体育の授業があり、体育がある日は一日中調子がいいんだ、やっぱり違うね、と話していました」ということです。

少しの運動で、幸せ効果は抜群！　好きで続けられそうなものを選んで1週間トライしてみましょう。

【シート①】動いてさっぱり、体が整う1週間

あなたが楽しんでできる運動を書き出してみましょう。その中から1つ選んで、今日から1週間のうち3日間、いつ、どの時間帯にやるかも決めて、それをやってみましょう。

【シート②】動いてさっぱり、体が整う1週間　振り返りシート

・1週間やってみて、どんな気持ちでしたか？
・運動した日に何か気分や調子に変化はありましたか？

【シート①】動いてさっぱり、体が整う１週間

何をする？

いつ、どの時間帯に？

【シート②】動いてさっぱり体が整う1週間　振り返りシート

・1週間やってみてどんな気持ちでしたか？

・運動した日に何か気分や調子に変化はありましたか？

ワーク 10 食べてすっきり、心が整う1週間

「まだ着替えてないの？」

「いつまで食べてるの！」

「また忘れ物してる！」

「こんなに散らかして！」

と、子どもたちや夫にイライラをぶつけてしまって自己嫌悪。かつての私はそんな状態でした。

これって、うちの子がだらしないから？ 夫が協力してくれないせい？ それとも私が育児や家事に向いていないのかな？ 何が原因なのか、どうしたらいいのか、自分でもわからなくなるときって、ありませんか？

いら立つ気持ちを抑えながら暮らしていると、ストレスがたまるいっぽうです。落ち込

みもひどくなっていきます。どうにかしたい。

そんなあるとき、血液検査で極度の貧血と低血糖であることがわかったのです。

「私のイライラは、栄養不足からきているのかも？」

それまでは思いもよらぬ発想に至りました。そこで3週間のデトックス期間を設け、食事の内容を見直していったら、その間は一度もイライラすることがなく、疲れ知らずで、自分でもびっくり。


子どもたちも、一度も怒ったり反抗的な態度を示したりすることがありませんでした。なんと夫までいい人に！　この人こんなに優しかったの？　って、初めて気がついたほどです（笑）

ママに必要な栄養は足りている？

心理学では栄養のことを取り上げないので、それまではあまり意識しなかったのですが、食事を変えたデトックス期間に自分と家族に明らかな変化が起こり、体と心の健康に食事がいかに大切かということを実感しました。

特にママをしていると、子どもの栄養のことは一生懸命に考えるけど、自分に必要な栄養が足りていると考えることってあまりないですよね。

でもね、イライラすること、ウツウツとすること、幸せを感じることなど、メンタルの状態を司っているのは脳なんですね。そして、どんな栄養を摂り入れるかによって、脳の働きは変わります。

幸せを感じるためには、自分に必要な栄養が足りているかを考えることがとっても大切です。

イライラの原因は「低血糖」だった

イライラしてしまうのは、「低血糖」が原因である場合も多いのです。

「非行で補導された少年少女の90％以上が低血糖」というデータがあります。悪いことをしてしまうのも、低血糖の状態のときなんですね。

イライラを抑えられない、爆発してしまう。そういう衝動って誰しもが持っているもので、非行少年少女がもともと自制心の働かない人間だったわけではありません。理性など意思の力を司る脳にエネルギーが足りなかったことが大きな一因なのです。

血糖値が低いと我慢する力を司る人間脳はエネルギー不足となり、抑制機能が低下。感情脳を上手くコントロールできなくなる↓衝動的な言動に出る。そういうことだったのです。ママのイライラ衝動を起こさせないためにも、低血糖には要注意です。

イライラしないだけで幸せ感が高まる

イライラと栄養不足の関係を知って、スムージーとグルテンフリーを始めたYさんは、1週間でものすごい変化を感じたとのこと。

「エネルギー量と気持ちが全然違うんです。イライラが減って7歳の娘に八つ当たりすることがなくなったら、なんと、娘は初めて自分の部屋で朝までぐっすり寝てくれました！なんだか信じられないです。ちょっとした食事の改善で、いろんなことが連鎖的によくなっています」

以前はイライラガミガミ言いながら娘さんを寝かしつけていたそうですが、「寂しくなったら、ママたちの部屋に来ていいんだよ」と、穏やかな姿勢に変われたというのです。本当によかったですね。

娘さんのほうでも、ママに叱られないから安心感が得られたんですね。すんなり入眠し、朝まで熟睡できるようになったそうです。

Yさんは、「子どもが寝た後、私は気力も体力もあるので、いろいろなことをできるし、やるべきことを全部やってから、安心して眠れます。まるで魔法のよう!」と言っています。

イライラしない。それだけで幸せが高まりますね!

低血糖を予防する食べ方

感情をコントロールするには、血糖値をコントロールすることです。

ただ、血糖値が低いからといって、いきなり甘いものを食べてしまうと血糖値は急上昇。急に上がったものは、ジェットコースターのように急に下がります。そして、血糖値が上がったり下がったりする高低差が大きくなるにつれ、感情は乱れます。

イライラを防ぎ、いつも穏やかな感情を保つために、血糖値の高低差を小さくしましょう。GI値の低い食品（消化に時間がかかり、ゆっくりと消化吸収される食べ物）がおすすめです。

・GI値の高い食品……白いもの（精製されたもの）、炭水化物

・GI値の低い食品……肉・魚・野菜・ナッツ類

幸せが加速し、長続きする食事法

低血糖になることを回避し、さらに幸せを加速させる食べ方は、タンパク質を積極的に摂ること。幸せを感じるためにはセロトニンという脳内物質が必要で、このセロトニンを生み出すのはタンパク質なのです。

タンパク質は低血糖を防ぐだけでなく、セロトニンという物質と共に幸せを生み出し、幸せ感を長続きさせてくれます。

丸ごと食べる、旬を食べる

次の3つを実行しましょう。

・ゆっくり消化吸収されるGI値の低い食べ物を選ぶ
・丸ごと食べる
・旬を食べる

「丸ごと食べる、旬を食べる」は、自然の摂理にかなう食べ方です。無農薬野菜なら皮ごと食べる、魚は頭から尻尾まで食べる、というようにしていきましょう。お米も白米より胚芽米、できれば玄米を食べるといいですね。

炭水化物であるお米は、消化されるプロセスでビタミンB6を必要としますが、もともと胚芽の部分に備わっているんですね。それを精製して取ってしまったものが精米で、精米を消化するためには別途、体内のビタミンを消費することになり、体に蓄えていた栄養素が奪われます。

【シート①】食べてすっきり、心整う１週間〈その１〉

よく食べているもの、好きな食べ物	低GI食品に変えられるか
●	●
●	●
●	●
●	●
●	●
●	●
●	●
●	●
●	●
●	●

私のごほうびメニュー

消費されたビタミンを補わなきゃと一生懸命サプリメントを飲むのは実はとってもおかしな行動。丸ごと食べればそんなこと必要ないわけです。自然界とは良くできていますね。

旬のものは栄養価が一番高いので、ビタミンやミネラルを損なうことなく摂り入れられます。季節ごとに食事メニューを工夫して、旬の食材を楽しみましょう。

また、睡眠不足だとグレリンという食欲増進ホルモンが過剰に出て、食欲が抑えられなくなります。1日7時間ほどの質の良い睡眠をとることも意識してみてくださいね。

【シート①】食べてすっきり、心整う1週間〈その1〉

・よく食べているもの、好きな食べ物を、左の欄に書き出してみましょう。
・低GI食品に変えられるか、一部でも変えるなど工夫ができるか、右の欄に書いてみましょう。
・これだけは譲れないという大好きなものがあれば、「ごほうびメニュー」に書いて1週間のごほうびにします。

【シート②】食べてすっきり、心整う1週間〈その2〉

低GIを意識した1週間の食事をメモしてみましょう。毎食ではなく、自分が一番多く食べた食事だけメモします。携帯で撮った写真を記録するのもOK。その日に意識できたこと、体調やメンタルも書いておきましょう。

【シート②】食べてすっきり、心整う1週間〈その2〉

	低GIを意識した 1週間の食事	意識できたこと、 体調やメンタル
Day1		
Day2		
Day3		
Day4		
Day5		
Day6		
Day7		

ワーク
11
大切な人と何して過ごす？

すごく幸せな人とすごく不幸な人のたった1つの違い、それは「つながり」があるかないか、です。

人とつながっていることを実感できるとき、人は幸福感に満たされます。一緒にいて心地よい相手、大切にしたいと思える相手。そんな人との時間を積み重ねていけたら……。こんな素敵な人生ないですよね。そして、つながりを生むことは自分でできるのです。

一緒にできること、やりたいことを探す

Mさんはこれまで、ママはいつでも家族を優先しないといけない、と自分を犠牲にしていました。でも、「大切な人と過ごす」「つながりを持つ」って、相手のしたいことに全部合わせることとは違うよね、自分もそこにいなければつながることはできない、と思うよ

うになったそうです。

それで、自分のしたいことを家族に伝えて、一緒にやりたいことを探すことにしたのです。

ご主人に「何をしているときが一番楽しい?」と聞くと、「ゴルフをしているとき」と答えが返ってきました。Mさんはゴルフは下手でも自然が大好きなので、新緑の季節に一緒にゴルフ場を回って、ご主人はゴルフを、Mさんは緑の風を吸い込んで自然を味わうことにしてみました。こうして同じ時間を共有しながら、お互いが自分の好きなことを楽しめたのです。

アイデア次第で、お互いに歩み寄れる

子どもとの遊び方も、これまでは子どもに合わせるだけでしたが、Mさんも一緒に楽しめる内容に変更! 工作や絵を描いたりするのが好きなMさんは、どんぐりでコマを作ったり、秋の植物でリース作りをすることを子どもたちに提案。実際にやってみると、子どもも工作が大好きになり、今は一緒にアイデアを出し合うのが楽しいとのこと。

辛かった子育てが楽しくて仕方なくなったと話されていました。

あなたは、大切な人とどんな時間を過ごしたいですか。自分が楽しむために、相手も嬉しいことを見つけるために、次のワークを行ってみましょう。

【シート①】大切な人と何して過ごす?

あなたと相手の両方が楽しめること、10個を目標に、何をして過ごすかを書き出してみましょう。テレビを見るなどの受け身のことではなく、会話をする・ゲームをする・旅行に行くなど、能動的な活動のほうが効果的です。その中から1つ選んで、それをやってみる1週間にしましょう。

【ポイント】

まずは自分が大好きなことを書き出してください。それから、一緒に過ごしたい相手に好きなことを聞き、書き出してみましょう。ふたりが一緒に楽しめて「つながる」ことのできるアイデアを見つけてください。

話を聞くときには、相手の話題に関心を持ち、嬉しいニュースは一緒に喜ぶことを意識すると、ぐっと絆が深まりますよ。

（例）

・夫と一緒に掃除をして、スッキリした部屋でおしゃべりしたい。
・夫や子どもたちと食卓を囲んで、みんなでかんぱーいと叫ぶ。
・大学時代の友人と、学生時代のように家に泊って朝までおしゃべり。
書き出したことをいつするかすぐに決めて予定に入れてしまいましょう。

【シート②】大切な人と何して過ごす？　振り返りシート

・いつ、誰と、何をしましたか？
・やってみて、どんな気持ちでしたか？
・相手の反応は？　相手との関係に何か変化はありましたか？

【シート①】大切な人と何して過ごす？

＿＿＿＿＿＿＿＿＿さんと何して過ごす？

＿＿＿＿＿＿＿＿＿さんと何して過ごす？

＿＿＿＿＿＿＿＿＿さんと何して過ごす？

【シート②】大切な人と何して過ごす？　振り返りシート

・何をいつ誰としましたか？

・やってみてどんな気持ちでしたか？

・相手の反応は？　相手との関係に何か変化はありましたか？

ワーク
12
親切は気づかれないように

後ろから来る人のためにドアを手で押さえておいてあげた。みんながエレベーターを降りるまで、「開」のボタンを押していた。――「なんか今の自分いいかも」と気分がよくなったという経験、みなさんもきっとあるでしょう。人は、他人に親切にすることで幸せになれるのです。親切にされた人よりも、です。

ここで重要なのは、家族や友人たちに親切にするのはもちろん気分のいいことですが、全く知らない人に親切な行動をとると、より幸せ感を感じるという点です！

お互いに全く知らない間柄で、単なる通りすがりの人に何かしてあげるというのは、当たり前のことではありませんよね？

その当たり前じゃないレベルで人に優しくできた自分が誇らしく、価値ある存在に思えるのです。「ありがとう」と言ってもらえたら、ますます嬉しくなっちゃいますね。

小さな親切をすると、心の底から満たされる

・お母さんに抱っこされている赤ちゃんの靴が片方脱げて落ちたのに気がつき、追いかけて手渡した。
・スーパーのレジ袋が破けて中身が散乱し、慌てている人の拾い物を手伝った。
・駅の券売機の前で立ち往生しているおじいさんに話しかけて、切符の購入を手伝った。

といった小さな親切は相手に喜ばれるだけでなく、その行動をした人自身の心を満たしてくれます。「してあげた」という自己満足ではないのですね。人に何かしたときに幸福感を得るのは、私たちがそこに「つながり」を感じたからなのです。

人に気づかれないさりげない親切を

さらにもう一段階幸福レベルを上げるには、「相手に気づかれないように」さりげない親切をすることとです。

・道に落ちているごみを拾う。
・公衆トイレで、次に使うの人のために便座を拭くなど、きれいにしてから出る。
・保育園や病院などの入口で靴を脱いで入るときには、他の人の靴もそろえてみる。

・レストランで食事した後は、お皿を重ねて、ウエイターの方が片付けやすいようにしておく。子どもの食べこぼしはきちんと拾っておく。

というように、誰かが少しでも気分よくなってくれたらいいな、楽をしてくれたらいいなと、そっと心を寄せてみましょう。

こんなことができる自分ってかなりの人格者、と思ってしまっていいんです。その思いが自己肯定感を高め、幸福感をアップしてくれます。それに、「さりげない親切」って、直接親切にしてもらったときよりも、受け取った側の感動は大きいものなんです。

見知らぬ誰かの喜びが自分の喜びになる

私も見知らぬ誰かのさりげない親切を受け取り、大感激したことがありました。

セントラルパークで、池と噴水のある場所へ行ったときのこと。我が家の子どもたちは小さい頃から、噴水を見るとコインを投げてお願い事をするのが大好きでしたから、案の定、「ママ、コインちょうだい」と催促の声があがりました。ところが、私も夫も手持ちのコインが1枚もなく、「今日はできないね」と、子どもたちはがっかり。

しかし、そのとき噴水を囲んで人が座れるようになっている台座の1箇所に、1セントコインが山のように積まれていたのを発見したのです。

「Please use!, the random act of kindness」（どうぞ使ってください）とメモが添えられているのを見て、子どもたちも、夫も私も大感激。こんな粋な親切ができる人ってどんな人だろう？　と思いを馳せました。

そんな素敵な出来事があったおかげで、気分がよくなった私たちは、その後、セントラルパークのボート乗り場で、現金が20ドル足りなかったカップルにさっとボート代を渡すことができました。カップルにも喜んで20ドルを受け取ってもらえて、子どもたちもとっても嬉しそう。親切って伝染するんですよね。

小さな親切をみんながし出したら、この世界は今よりずっと温かいものになるでしょう。見知らぬ誰かの喜びが自分の喜びになる。そんな親切をしていきたいものです。

感謝されることを期待しない親切がいい

友人のKちゃんはヨガを長年しています。ある日、ヨガの練習が終わってスタジオを出ると、予想外の雨が降っていました。

「乗って来た自転車、濡れちゃってるなあ」と思いきや、なんとサドルに傘がさしかけてあったのです。誰のものかわからない自転車でも、雨が降りだしたら濡れないようにしてあげるって、素敵なことですね。

「こんなことをしてくれる人がいるんだ」と感動して、次にスタジオを訪れたときにその傘を持っていくと──「あれ、その傘、なんでKちゃんが持ってるんや」とヨガの先生が言うので、Kちゃんはまたびっくり。先生が傘をかけてくれた人だったんですね。

Kちゃんは、自分のヨガの先生はやっぱりこの人しかいない、この人を選んだ自分の目は確かだった、と確信したそうです。

感謝なんて全く期待せずに、見知らぬ人に向けて親切ができるって本当に素敵なことです。

「さりげない親切」にまつわるとっておきのエピソードをご紹介したところで、ワークに入っていきたいと思います。ここでは、知らない人にした親切を書き出していきます。知らない人からしてもらった親切も思い出して書いてみましょう。

【シート①】どんな親切してるかな？〈その1〉

・知らない人にした親切、してもらった親切を書き出してみましょう。

【ポイント】

「あの程度のことを親切と言うのはおこがましい」とか、「単に自己満足のためにやっただけ」などと遠慮するのはやめましょう。誰かを気遣って「大丈夫ですか？」と言葉をかけるだけでも、立派な親切です。どんどん書き込んでいきましょう。

【シート②】どんな親切してるかな？〈その2〉

・朝から晩までを思い描き、あなたができる親切をたくさん書き出してみましょう（ドアを手で押さえる、重い荷物を持っている人を手助けする、など）。

・その中で、「できそう、してみたい」と思えるものを5つ選んで○で囲みましょう。

・選んだ5つを実行することを目標に、1週間に1日、特に親切にする日を決めて行動しましょう。

【シート①】どんな親切してるかな？〈その１〉

知らない人にした親切

知らない人からしてもらった親切

【シート②】どんな親切できるかな〈その2〉

知らない人にできる親切

【シート③】親切は気づかれないように　振り返りシート

・いつ、どこで、どんな時に、誰を対象に何をしてみましたか？

・やってみて、どのような気持ちになりましたか？

【シート③】どんな親切してるかな　振り返りシート

・いつ、どこで、どんな場合に、誰に対して、どんな親切をしてみましたか？

・やってみて、どんな気持ちになりましたか？

ワーク
13 自分の強みをフル活用しよう

やりがいのある仕事をして自分に必要なだけの収入を得る。これは女性が自己肯定感を高めるうえでとても大事なことです。

「できれば、こんなことを仕事にしてみたいな」と思いをめぐらせることは、きっと誰にでもあるでしょう。だとしたら、その先にある「実際に収入を得る方法」を、ぜひみなさんに考えてもらいたいのです。その点こそが幸せと自己肯定感に大きな関わりを持っているからです。

お金はないよりもあるほうがいい

私は母子家庭で育ち、兄と2人の弟がいます。私たちがちゃんと育ったのは貧しかったおかげだ、と言う母。貧乏肯定派なんですね。

でも、私は貧乏がいいとは思っていません。例えば長時間のフライトをするとき、お金があればビジネスクラスで快適に過ごせば、ストレスを減らせるわけです。大切な人たちにしてあげられることも増えます。だからお金はとてもありがたいもので、お金があるのはいいことだ、と私は思っています。

こうして「幸せになるためにお金は大事」と、はっきりと口に出せるようになるまでに、多くの時間を要しました。「お金の話などすると、いやらしいやつと思われてしまう」「お金をもらわずに人に何かしてあげることが正しい生き方なのでは?」と、いつも誰かの目を気にする自分がいたのです。

お金を頂くことに抵抗のあったときは、何時間もかけて準備した講義を数千円で提供したり、無償の研修協力に丸1日費やしたりしていました。

きちんと対価を受け取れる心持ちになったのはつい昨年のことです。自分の幸せに責任を持てるのは自分以外にはいないんだと実感し、考え方も一変。

お金を得られるようになってからは、自分が苦手なことは依頼し、その分、自分の強みであるコンテンツ作成に時間を費やすことに。すると仕事は一気に拡大。
夢だったマイホーム購入も現実となり、思春期の子どもたちそれぞれに部屋を用意してあげることができました。

「あ、お金って大事だし、素直にそう言っていいんだ」と思えるようになったのはつい最近なんですね。

さまざまな経験を通じて、時間をかけて、自己肯定感をひとつひとつ積み上げてきたのだと感じています。

自力で収入を得てこそ気持ちは安定する

「経済的に安定しないと、誰かに支えてもらわなければやっていけない」とネガティブな考えにどうしても陥りがち。かつて私もそんな経験をしているので、この気持ちはとてもよくわかります。

あるとき、夫が博士号をとるためにニューヨークへ移住することになり、私も仕事を手放して一緒に渡米しました。その後の生活は、夫の学費に何百万もかかり、子どもの幼稚園に月10万かかるという状態で、お金がいくらあっても足りず、次第に気持ちもすさんできました。そうなると、「あなたが稼げないから悪い」と夫を責める気持ちが出てきてしまうのです。私はそのときの経験から、お金の大切さを学びました。

収入の安定は気持ちの安定につながります。それも誰かの収入をあてにするのではなく、自分でちゃんと稼いで、自分の人生に責任を持ち、自分で自分を幸せにすることによって気持ちが安定するのです。そうしていると、「あなたのせいで幸せになれない」などと文句を言いたくなることが自然となくなるんです。

「自分で収入を得る」ことはとても大切なことです。

自分の強みを見つけて価値を作り出す

「やりがいのある仕事で稼ごう」「自分で自分を幸せにしよう」女性がそう決心して行動を起こすのは素晴らしいことです。しかし、いざ仕事を始めてみると、「このやり方ではお金にならない」と壁にあたることが多いようです。そして、「自分にはそれほど価値がないんだ。だからお金がとれないんだ」と自己否定の考えに縛られてしまうんですね。

でもね、あなたがそれまでに費やしてきた時間を大事にして、自分の強みを探っていくと、お金をいただくに値する価値を必ず作り出すことができます。そして、あなたの仕事やサービスに価値を見出してお金を払ってくださる方が現れます。

価値を感じてくれる人と共に、自分も相手も大切にしながら仕事をする。それが理想の働き方、相思相愛の生き方とも言えますね。私もただいま実践中です！

やりがいのある仕事をして安定した収入を得たいと望むなら、ためらわずに進んでください。その一歩一歩が自分を幸せにし、自分の人生に責任を持つ生き方につながります。まずは次のワークを行って、あなたの強みを探っていきましょう。強みこそが価値を生みだす鍵なのですが、自分にとってはあまりに自然なことなので気がついていないことが多いのです。

【シート①】自分の強み発掘

・これまで人に褒められたことを、遠慮なく書き出してみましょう。

・これまでの経験で得たスキルは何でしょう。

・頑張らなくても、自然にできてしまうことがありますか？
・性格の強みは？
・家族にインタビューしてもいいですね。「私の強みって何だと思う？」お子さんやご主人に聞いてみましょう。そのプロセスを通じて相手との関係がよくなるというおまけつき！
・自分の強みだと思うものトップ5を決めましょう。

【シート②】自分の強み発掘　振り返りシート

・強みトップ5の中で、一番しっくりくるものは？
・これまでどの強みをどう使ってきたでしょうか。
・これからその強みをどう活かしていきますか？
・今抱えている問題があれば、強みを活かして対応できるか考えてみましょう。
・書き出してみて気がついたことはありますか？

【シート①】わたしの強み発掘

①これまで人に褒められたことは？

②これまでの経験で得たスキルは？

③頑張らなくても、自然にできてしまうことは？

④性格の強みは

⑤自分の強みだと思うものトップ５を決めましょう

【シート②】わたしの強み発掘　振り返りシート

①強みトップ5の中で、一番しっくりくるものは？

②これまでどの強みをどう使ってきたでしょう

③これからその強みをどう活かしていきますか？

④今抱えている問題があれば、強みを活かして対応できるか考えてみましょう

⑤書き出してみて気がついたことはありますか？

ワーク
14
お金が巡るキャリアを作ろう

「毎日つまらないけど、仕事だから仕方ない」「これって私じゃなくてもできる仕事だよね」と思いながら働き続けるのは辛いことですよね。そんなことで悩んでいたら、いつまでたっても幸せになれません。

全部、逆の発想からリスタートしましょう。

・ワクワクしないことは無理にがんばらなくていい。
・苦手なことや弱みを乗り越えようと必死になって努力をしなくていい。
・必要とされていないのだったら続けなくていい。

と頭を切り換えてみましょうよ。

私は認定講師の方に「将来どうなりたい?」とよくたずねます。その人の理想の人生を手にいれて欲しいと願うからです。

あるときYさんが「書くことがすごく好きなんです。でもお金にならないし……。稼げなくても好きなことをするか、あきらめてやりたくないことでも安定した仕事に就くか、迷っているんです」と言いました。そのとき、私の口から出たひと言は、「好きで得意なことで稼げるように工夫しましょう」でした。

そんなの理想でしょと思われるかもしれません。でも好きで得意だと、やっていくうちにその分野で秀でることができます。もっともっと上手になり、人に喜ばれるようになります。苦しいことを我慢して続ける未来には決してない成長と喜びが、そこにはあるのです。

やりがいのある仕事を見つける

人は次の3つが重なることをしていくと、やりがいを感じます。

- 自分のワクワク感
- 自分の強み

やりがいと収入を満たす仕事を見つける

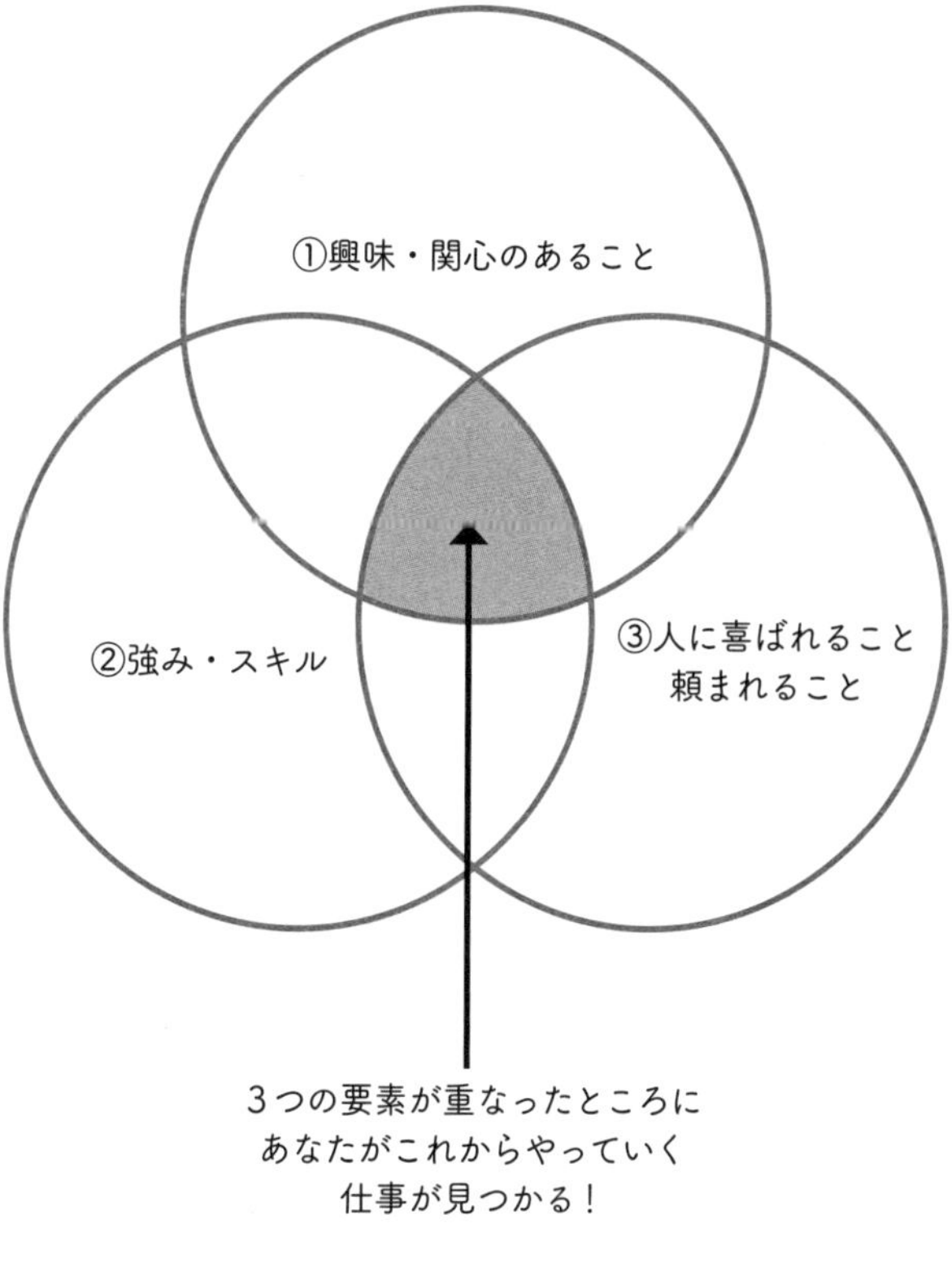
①興味・関心のあること
②強み・スキル
③人に喜ばれること
頼まれること
3つの要素が重なったところに
あなたがこれからやっていく
仕事が見つかる！

・人に喜ばれること

例を挙げてみましょう。

・ワクワク⇒裁縫をするのはとても楽しいし、ずっとしていられる。

・強み⇒裁縫が得意。

・人に喜ばれる⇒裁縫を手伝ってほしい、教えてほしいと人に頼まれたり、作品を譲ってほしいと言われることもある。

この人にとって「裁縫」は、3つの要素が見事に重なったやりがいのある仕事ですよね。呼吸をするのと同じように自然にできて、そこにパッションがあって、さらには人に喜ばれてしっかりとお金もいただける。そういう仕事をしていくと、とてもいいんですね。

思考を広げていくと、さまざまな可能性が見えてきますね！

次からのワークをしながら、自分に合ったキャリアを作り出していきましょう。

あなたがワクワクすることって何？

何か仕事を始める理由として、「そこに社会のニーズがあるから」と考える人は多いのですが、私は「そこにワクワク感があるから始める」でいいと思っています。

【シート①】ワクワクすることを見つけよう！

①あなたが好きなこと、好きなものは？

②ワクワクすることは？

③時間を忘れて没頭することは？

④つい考えてしまうことは？

【シート②】自分の強みを見つけよう！

こうした考え方を「プランド・ハプンスタンス理論」といいます。ゴールがはっきりしなくても、目の前のワクワクすることをやり続ければ自ずと道が開けていくという希望に満ちた理論です。

ただ、せっかく「ワクワクする仕事」を見つけても、どうすればお金になるキャリアにしていけるかがわからないと、先に進めません。

マネタイズ、つまり収益を生む方法は、次のようにいろいろあります。

・何かを作って売る
・作り方を教える
・教える人を養成する（協会などを作ることもできる）
・そのことについて本を書く

【シート①】ワクワクすることを見つけよう！

あなたの興味関心を書き出してみましょう。

・あなたが大好きなことは？
・ワクワクすることは？

・時間を忘れて没頭してしまうことは？
・つい考えてしまうことは？
・やっているとエネルギーが湧くことは？

あなたの強みって何？

あなたの強みやスキルを書き出してみましょう。

【シート②】自分の強みを見つけよう！

・なぜか褒められることは？
・これまでの経験から獲得したスキルは？
・自然とできることは？
・性格の強みは？
・得意なことは？

ワーク13でもっと細かく発掘できます。まだしていない方はぜひワーク13をしてみてくださいね。

【シート③】人に喜ばれることを見つけよう！

①なぜか、よく頼まれること・お願いされることは？

②あなたがすると感謝されることは？

③あなたがすると人が笑顔になることは？

あなたが人に喜ばれることって何？

これまであなたが人に喜ばれたことを書き出してみましょう。

【シート③】人に喜ばれることを見つけよう！

・なぜかよく頼まれること、お願いされることは？
・あなたがすると、感謝されることは？
・あなたがすると人が笑顔になることは？

あなたの最強の部分をお金につなげる

やりがいのある仕事をして安定した収入を得ることを目標に、マネタイズ方法を探していきます。

165ページの図で3つの要素が重なっているあなたの最強の部分を、どんなふうに活かすと人の役に立ち、その対価としてお金が巡るのか。思いつくことをいくつでも書き出しましょう。人にアイデアを聞くのもいいですね！

【シート④】やりがいと収入を満たす仕事を見つける　振り返りシート

【シート④】やりがいと収入を満たす仕事を見つける

ワクワク、強み、人に喜ばれるが重なったところから、お金につなげる方法は？

・3つの要素を書き出してみて、何か感じることがありましたか？
・3つの要素が重なる部分はありましたか？
・そこからお金につながる方法を見つけられましたか？
・もっといいアイデアが浮かびましたか？（例／経営者の友人に会う、最適のセミナーに参加する、関連書籍を読む、など）

感謝された対価としてお金を頂く、ありがたいと思う方にしっかりお支払いする。私も最近になってやっと、自分のものとして身についてきた感覚です。

はじめは千円からでもいいので、喜んで支払ってくださる方からお金を頂くことに慣れていきましょう。

自己肯定感を高めるコツは、自己肯定感が高い人のように〝振る舞うこと〟。

自分を大切にしている人は、自分の時間や労力を大切にして、そこにたいする感謝をしっかりと受け取ります。行動が変わると意識が変わりますから、まずは対価を受け取ることから始めましょう。

第3章

ママの自己肯定感アップ《総仕上げ編》

～自分で自分を抱きしめるセルフコンパッション～

自分の中のどんな感情も認めよう

もしもあなたの大切な友人が、「10年つきあった人と別れることになっちゃった。まいっちゃって、仕事も手につかなくてミスばかり」と泣きながら相談をしてきたら、あなたはどんな言葉をかけてあげますか？　どんなことをしてあげますか？

「仕事は少し休んだらいいよ」「いつでも電話してきてね」と、思いやりの言葉をかけたり、「ちょっとお茶でもしようか」「一緒に旅行する？」と、少しでも慰めになりそうなアクションを起こしたりするのではないでしょうか。

人を思いやるように自分を思いやる

それでは、もしあなた自身が同じ状況になったら、どうでしょう？　友達にしてあげたことを、自分にもしてあげられますか？

大切な人を思いやるのと同じように自分を思いやることを「セルフコンパッション」（自分への思いやり）と言います。子どもたちが「どんな自分でもＯＫ」と無条件に自己を肯定できるようになって欲しいと思うなら、ぜひ意識したいのが、この「セルフコンパッション」です。私は、自己肯定感とセルフコンパッションはイコールだと思っています。自分の良いところも悪いところも肯定できるのは、自分への思いやりがあるからなんですね。

このことをお子さんに伝える前に、まずママ自身が自分を思いやれるようになることが大切です。

セルフコンパッションについて、３つの順番で考えていきましょう。

1　自分の中のどんな感情も認める
2　自分はひとりじゃない、人とつながっている、と感じる
3　自分への優しさを行動で示す

時にはネガティブになっていい

不安にさいなまれたり、悲しみにくれたり、怒りが止まらなくなったり、罪悪感に押し

つぶされそうになったり……ネガティブな感情はマイナスにとらえられるため、「こんなよくない気持ちを抱く私はダメな人間だ」と自分を責めてしまいがちです。

でも、自分を思いやるというのは、そうしたネガティブな気持ちもまるごと受け入れること。自分の中にあるどんな感情も受け入れてあげられるといいですね。ネガティブになっている自分もありだよね、と許してあげてください。

「あんなこと言われて、イヤだったんだね」

「自分よりデキる人を見れば、そりゃ嫉妬しちゃうよね」

「誤解されて、悔しいよね」

「悲しくて、どうしようもないよね」

友達を慰め、励ますときのように、優しい言葉を探して自分にかけてあげてくださいね。

時にはネガティブな気持ちになってもいいんです。実は、ネガティブと思えることにも意味があるからです。

不安や恐れがあるからこそ、危険を予測して避けることができます。悲しいときは嘆き立ち止まる、そのおかげでエネルギーの消耗を抑えることができ、人の支援を受けることもできるのです。

怒りがあれば、敵に立ち向かうことで自分を守り、危険な状況が長引かないようにできます。罪悪感があれば行動を改め、もうしないでおこうと自分にブレーキをかけられます。

マイナスはプラスを生み出す要素でもあるのです。ですから、ネガティブな感情が湧いてきたときには、感じるままに任せ、優しく受け止めてあげてください。ネガティブな感情を知っているあなただからこそ、誰かの悲しみや不安に寄り添うこともできるのです。

セルフコンパッションのワーク

それではここで、セルフコンパッションのワークを1つしてみましょう。

自分で自分にかけてあげたい思いやりの言葉、あなたが本当にほしがっている言葉をたくさん見つけていくワークです。

家族や友人を思い浮かべて考えてみるといいですね。パートナーから「愛してる」って言われたら嬉しいなとか、子どもたちには「ママ、宇宙一好き」と毎日言ってほしいとか、義母から「孫を産んでくれて本当にありがとう」とねぎらわれたら泣けちゃうなとか。

願望でもいいんです。本当にほしい言葉探していきましょう。

【シート①】自分にかけてあげたい言葉

こんな言葉をかけられたら嬉しいな、がんばれる、と思う言葉を書き出してみましょう。こんなこと言ったら恥ずかしい、なんて思わずに、正直に書いていきましょう！

・夫から
・子どもたちから
・お母さん、お父さんから
・義理の父母から
・友達から
・兄弟姉妹から
・今は会えない○○さんから
・ペットの○○から

【シート②】自分にかけてあげたい一番の言葉

書き出した中から、自分に言ってあげたい言葉を1つ選んで、寝る前に（洗面台で鏡に

【シート①】自分にかけてあげたい言葉

♡夫から	♡子どもたちから
♡お母さん・お父さんから	♡義理の父母から
♡友達から	♡兄弟姉妹から
♡今は会えない＿＿＿＿＿から	♡ペットの＿＿＿＿＿から

向かって、またはベッドの中で）自分にかけてあげましょう。それを1週間続けてみます。そのときに、自分で自分を抱きしめるジェスチャーをしてみたり、胸に手を当てるのもお勧めです。

私は　年　月　日～　月　日までの1週間

「〇〇〇　〇〇〇〇〇〇〇〇〇〇」

と自分に優しく言葉をかけます。

1週間続けてみて、どうでしたか？　気持ちに変化はあったでしょうか？　その変化をそのまま書きとめてください。

お守りワード

ネガティブになるのは当たり前のこと。責めなくていい。

【シート②】自分にかけてあげたい一番の言葉

私は　　年　　月　　日～　　月　　日までの１週間

「　　　　　　　　　　　　　　　　　　　　」

１週間続けてみて、気持ちにどんな変化がありましたか？

あなたはひとりじゃない、人とつながっている

辛いことや苦しいことがあると、こんなに辛いのはこの世に私だけ、とつい悲観的になりがちですが、そんなときこそセルフコンパッションです。

「苦しんでいるのは自分だけじゃない」

「どんなに強く思える人にも弱さがあって、みんな同じ」

そう思ってください。人は不完全だからこそつながり合える、ひとりじゃないんだと感じることが、大きな慰めとなります。

共感してくれる人がいると救われる

子育て真っ最中で、寝不足続きに身も心もまいっていたママの話をしましょう。

そのママには生後9カ月のお子さんがいましたが、夜は新生児のように1時間おきに泣くのだそうです。

「育児がこんなに大変で辛いのは、私だけ？　辛すぎて子どもが可愛く思えない。悲しい」と、子育てがうまくできないことで自分をダメな母親と感じていたようです。

ところがある日、子育て広場へ行ったときにたまたま話をした年配のママが、「うちの子も全然寝なかったよ。ほんとにキツかった」と話してくれるのを聞いて、「辛いのは自分だけじゃないんだ」と一気に心が軽くなったそうです。

その先輩ママさんは明るくて穏やかで、そばにいる子どももママのことが大好きの様子で、完璧のように見えていたのですが、「子どもが言うことをきかなかったり、夜寝てくれないと、キーッとなってイライラしっぱなし。そんなときには可愛いなんて思えないよ」と、自分の体験を聞かせてくれたのです。

「ああ、私だけじゃなかった。辛いときは辛いと、私も感じていいんだ」

と自分を思いやることができたそのママさんは、ひとりで辛さを抱えている孤独感から解放され、とても慰められたのです。

そして次からは、自分と同じような辛さを抱えている人がいれば、先輩ママがしてくれたように、「自分もそうだったよ」「辛いよね。でもきっと大丈夫になる日が来るから」と優しい言葉をかけてあげるようになりました。

「あなたはひとりじゃないよ」と伝え合うことで、苦しみを溶かして消すことができるんですね。

お守りワード

ひとりで抱える苦しみは、つながりが溶かしてくれる。

自分への優しさを行動で示す

「ネガティブな感情があってもOK」「辛いと感じているのは自分だけじゃない」、そう思えるようになったら、次は自分に積極的に優しくしてみましょう。自分への思いやりを行動で示すのです。

幸せを感じる行動をするのが一番

自分を幸せにできる行動を書き出してみましょう。

(例)

- ひとりでカフェに行く
- 夜のお出かけをする
- ネイルする

・寝坊する
・好きなアイドルのコンサートに行く
・マッサージを受ける

どんなことでもOKです。だらしなくても、ダサくてもいい、自分基準で「こうしていると私は幸せ」と思えることが素敵なことなのです。

そして、その「幸せ行動」を実行してください。自分への思いやりを行動で示すことで自分のことを大切に感じられるようになります。

【シート】自分に示せる思いやりの行動

自分を幸せにできる行動をいくつでも書き出して、とりかかりやすい順位をつけてひとつひとつ実行していきましょう。

お守りワード

「こうしていると私は幸せ」と思えることをするのが一番

【シート】自分に示せる思いやりの行動

・

・

・

・

・

・

・

・

・

・

・

・

・

・

・

・

・

・

・

・

・

・

セルフコンパッションの子育て法

セルフコンパッションには、次の３つの方法があります。

1　自分の中のどんな感情も認める
2　自分はひとりじゃない、人とつながっていると感じる
3　自分への思いやりを行動で示す

自分に対してこの３つができるようになると、子どもにもこの３つのやり方で関わっていくことができます。

3つの要素を心に刻もう

「セルフコンパッションの子育て法」を実践しているママさんは、私の生徒さんにも多数います。その中の1人の女性は、息子さんが小学2年生だった頃のことを話してくださいました。

ある日息子さんが「ぼく、ゆうくんに嫌われた」と、いつも一緒に遊んでいたお友達から急に嫌われてしまったことを訴えてきたのだそうです。

息子さんは少し笑いながら、なんでもなさそうに話してくれたようですが、本当はとても気にしていて、心の痛みを笑ってごまかそうとしているように感じました。

「どうして、嫌われたなんて思うの？　この間まであんなに仲良かったのだから、きっとあなたの勘違いだよ」と説得を試みたママですが、そのときふと、セルフコンパッションの3要素を思い出しました。

どんな体験も糧にして、親子で成長

そこで、「そうか、ゆうくんに嫌われたと思ってるんだね。急に遊べなくなったら寂しいもんね」と、まずは共感してみました。

すると、息子さんは最近ゆうくんに新しいお友達ができて、その子とばかり遊ぶようになってしまったことや、自分は持っていないゲームの話で盛り上がるから、仲間に入れてもらえないことなどを打ち明けてくれました。

それでママは、「一番の仲良しをとられちゃったら、切ないよね。お母さんにもそういう経験あるな。自分だけの親友だと思っていたのに、ほかの子と遊ばれて、イヤな気持ちになっちゃったことあるよ」と話して聞かせ、そう感じるのはあなただけではないよということを伝えたのです。

最後に、ひざに乗せて、おいしいおやつを食べながら「じゃあ、あなたがゆうくんとまた遊べるようになるには、何ができるかな?」と息子さんの考えを聞き、一緒に考えて、できる限りのことをやってみようと約束したそうです。

その結果、どうなったと思いますか。

それまでは、お腹が痛いと言って学校を休みがちだった息子さんも、辛い気持ちをママに受け止めてもらえて、一緒に問題を解決しようと約束してもらえた安心感からか、お腹が痛いのも治まったのです。腹痛の原因は身体的なことでなく、メンタルからくるものだったようです。


そして息子さんは、大好きなゆうくんが新しく仲良しになったお友達とも打ち解けて、みんなで楽しく遊べるようになったそうです。

「いっとき親友と離れたことで、昼休みにひとり図書館で過ごすことも覚えて、少し大人になったようです」とのご報告もいただきました。

どんな体験も糧にして、親子ともども成長することができるのですね。

辛いときほどセルフコンパッションが必要

人生には必ず、辛い時期があります。

それぞれの人に、それぞれの形で訪れるわけですが、私にとってのそれは「子育て期」でした。

「はじめに」でも触れましたが、母子家庭で育った私は、中卒で大検を取り、必死にアルバイトをして貯めた２００万円を手に単身ニューヨークへ渡り英語学校をへて、あちらの大学に入学しました。英語も何もできない状態でしたが、懸命に勉強し、大学を首席で卒業することができたこと、これは私の誇りです。

大学で先生方が認めてくださったおかげで、自分は他の学生と比べてすごいんだと思うようになり、これなら何をやっても成功すると自信満々でした。もともと自己肯定感の低かった私ですが、努力によってそれを乗り越えたと思っていたのです。

でも実は、それは条件付きの自己肯定感だったのですね。

子育てには喜びもあれば辛いこともある

条件付きであっても、それに見合う環境にいるときは、それなりに幸せを感じることができます。しかし、少しでも環境が厳しくなると、幸せを維持することができません。自分を思いやる気持ち（セルフコンパッション）がなければ、とても苦しい思いをすることになってしまうのです。

私の場合は、大学でどんなにいい成績をとっても、セルフコンパッションは低いままでした。そして結婚、出産、子育てという新たなステージに進んだ私は、それまでの自信が一気に崩れ落ちるような辛い時期を経験することになったのです。

子育てというものは、親の思いどおりになりません。「何でもできる」と自信満々だったはずなのに、それまでの知識や経験は全くといっていいほど役に立ちません。

子どもは親のことなどお構いなく、泣きたいときには泣くし、だだをこねたり、暴れたりすることもあります。母親の私はつねに手一杯で、目の前のことしか考えられなくなりました。自信のあった仕事のクオリティも半減してしまいました。

私は余裕をなくし、自分の心の叫びを汲み取ることができなくなっていたのだと思います。その結果、事態はより悪化しました。募る焦りと孤立感、やり場のない怒りや不満を、あろうことか子どもたちにぶつけてしまうという、子育ての暗黒期を迎えてしまったのです。

気持ちを楽にして子育てを楽しもう

子育ては素晴らしい経験であるはずです。でも、とっても辛いのも事実。仕事なら毎日きちんと就業時刻が来るし、お休みをとることもできるし、辛すぎたら逃げることもできます。頑張れば評価もされます。でも育児では、それができないのです。だから絶対にセルフコンパッションが必要、と私は自分の体験からまざまざと感じました。

ついがんばりすぎてしまって自分を追い詰める性格の私には、誰かの前で泣くこと、辛いと話すことが必要でした。そんなふうに人とつながりを持つことで自分を楽にしてあげないと、もうこれ以上はやっていけないと感じていたのです。

そんなとき頼りになるのが、先輩ママたちです。子育ての喜びも辛さもじゅうぶんに経験しているので、それこそ目から鱗が落ちるような、素敵なアドバイスを授けてくれます。

「子どもみたいにべそべそ泣いて、素直に自分の感情をさらしたっていいんだよ」

「お母さんになったからといって、がんばりすぎていない？　そんなことできないでしょ。だったらしなくていいよ」

「うちは、ハンバーグっていったら湯せんにかけるやつしか出したことないよ。子どもたちはあれがママのハンバーグだと思ってる（笑）」

「ママ疲れちゃったから、今日はお茶漬けでいい？　って聞いたら、子どもたちにめちゃくちゃ喜ばれたよ〜」

こういう話を聞くと、なんだか肩の荷が下りたような気がするでしょう。素敵なアドバイスの一言一言が腑に落ちて、私も体がすーっと楽になりました。「もっと楽をしていいんだ！」と許されたような、幸せな気持ちになれたんですね。

ネガティブな感情を閉じ込めず表現すれば、自分の中のネガティブ感情を受け入れることができるんです。だからひとりで我慢せずに、誰かの前で泣いてください。辛いと話してください。それがつながりを生みます。

全てのママたち、お疲れさまです。今日もよくがんばりましたね。たくさんたくさん人を頼って、自分を大切にしてあげてください。

泣いて頼って、がんばらないで子育てしよう。

私、幸せになっていいんだ！

仕事柄、私は数多くの女性にお会いしてきましたが、みなさん本当にがんばり屋さんだなあと思います。子どもたちのため、ご主人のため、親のため、まわりの人々のためにと、心身共にフル稼働しています。

私自身もそのひとりですが、がんばろうと思えるし、実際がんばれてしまうんですね。でも「自分を思いやること（セルフコンパッション）」は苦手で、人を頼ったり自分に優しくするのは難しいと感じてしまうのです。

「毒」の世代間連鎖を断ち切ろう

自分を思いやることができないのは、どうしてなのでしょう。自分の価値を感じられないので自分に優しくできないし、心を満たすことなどしてはいけないと思ってしまうのかもしれません。

でも、自分に価値がないと思うこと自体が大きな間違い。それは事実無根の誤解です。

私たちはみな、「そこにいるだけで尊い存在」です。生まれたときからそうでした。自己肯定感が低いと感じるのは、自分に本来備わっているはずの存在価値を、否定されるような環境で育ったせいなのです。

「自分は存在価値がない」と子どもに思わせてしまうような親は、「毒親」と言われています。私は毒親という言葉が好きではありません。好きで毒親になる人はいないからです。ありのままの自分を受け入れてもらえず、自己実現ができなかったため、子どもを通して価値を感じようとしている。毒親にならざるを得なかった人生があったのです。

とはいえ毒親が子どもたちに与える弊害は大きく、そうした親に育てられると、成人して親から独立しても、その呪縛から逃れきれないことがあります。「今でも頭の中にお母さん、お父さんがいて、『おまえは何をやってもダメだ』って批判している」と悩んでいる人が多いんですね。

頭の中のお母さんに怒られないようにと、いつも何かを気遣っています。そのため、自分の思うままにふるまうことができず、ワクワクを優先させることよりも、人にどう思われるかを気にかけ、とにかく失敗しないようにしないようにと、恐る恐る生きているような感じです。

自分を幸せにすることの責任を放棄しているとも言える状態。

「自分なんか、どうせ何をやってもダメ」とあきらめているから、何に対しても挑戦しようとしません。自分よりも人を幸せにすることに尽力し、自分の存在価値を見てめてもらおうとします。

すると結局、自己実現ができませんから、子どもを通して幸せになりたい……と子どもにプレッシャーを与え、自分が毒親になってしまうのです。これは「世代間連鎖」と呼ばれています。

もちろん、毒親に育てられたからといって必ずしも毒親になってしまうわけではありません。世代間連鎖を断ち切ることができます。

その方法が、自己肯定感を高めセルフコンパッションを学ぶことなのです。

セルフコンパッションはシャンパンタワー！

セルフコンパッションについては、シャンパンタワーをイメージしていただくとわかりやすいと思います。

グラスをピラミッドのように積み重ねたタワーの一番上にあるのが、あなたのグラスです。そのグラスにシャンパンを注いで満たしてください。そのまま注ぎ続けていると、シャンパンはグラスから下のグラスへと伝わって流れ落ち、タワー全体がシャンパンで満たされます。

流れていくのは「愛」です。自分を愛で満たすことにより、まわりにいる全ての人が愛で満たされていくのです。

愛や幸せは伝わっていく順番に

あるママは2人目の子を産むときに、上の子と下の子への愛情の配分はどうすればいいんだろうと思い悩みました。それで本を読みあさっていたところ、こんな素敵な言葉に出会ったそうです。

「下の子が生まれても、これまでと変わらず、上の子を大切にしてあげてください。愛情は川の水のように、高いところから低いところへと流れます。上の子に愛情を注げば、上の子が下の子を自然と可愛がるようになります」

そうだったのか！　愛情が溢れると、流れて伝わっていくものなんだ！　そこで上の子と2人きりの時間を意識して持ち、愛のタンクを満たすようにすると、ひどい赤ちゃん返りもなく「赤ちゃんかわいいね」と可愛がってくれる姿に胸がいっぱいになったとのこと。

これ、シャンパンタワーと一緒ですね。あなたが自分を愛でいっぱいにして幸せになると、それは自然と流れ出て、子どもへ、家族へ、地域へと幸せが伝わっていくのです。

だからね、子どもを幸せにするには、まずお母さんが幸せになること。この順番でしか愛や幸せを伝えることはできない、と心に刻んでください。

あなたは幸せになっていいし、幸せにならないといけないのです。

おわりに――「私ってダメな人」と思うのは勘違い

子どもに自信がないのは育った環境のせい

「自己肯定感のある子に育ってほしい」と願うのは素晴らしいことです。けれども、そう願っているママ自身が自分のことを認められず、自分を好きになれないということがよくあるのです。

でも、きっとあなたもお気づきのように、「自分に自信がない」という人ほど、誰よりもがんばりやさんだったり、優秀だったり、可愛い人だったりしませんか？　まわりから羨ましがられるほどの人なのに、どんなに褒められても、自分を卑下してしまう。そんな女性がとても多いのです。

自分は価値がない人間だから自己肯定感など持てないというのは、全くもって勘違いです。自分で自分を見下してしまうのは、多くの場合、育った環境に原因があります。どんなにがんばっても周りが全然褒めてくれなかった、いつも誰かと比較された、おまえはダメだと言われ続けた、そのせいで「自分は人に好かれない。完璧でなければ認めてもらえない」と悪く考える癖がついてしまったのですね。

人は生まれただけで価値がある

努力してもうまくできなかったとき「ちゃんとやらなかったからでしょ。自分が悪いのよ」、そんな言葉を浴びせられて育てば、「できない＝自分のせい」と考える癖がついてしまいます。その思考癖を変えられないまま大人になった人って、けっこう多いんですよね。でもね、それって勘違いなので、ぜひ学び直してほしいのです。

「おまえが悪い」、そうささやく声とはさようならです。心のどこかに内在する「毒親」を自分から切り離すか、優しい言葉をかけてくれる親に変換していくといいですね。

その方法のひとつが、第2章で紹介した「14のワーク」です。あなたの内にある「本当の価値」に気づき、これからはもっと自分を大切にできるようになってくださいね。

あなたにはものすごく価値があります。それはもう生まれた瞬間から揺るぎない事実でした。でもなぜか今はそれが見えていないので、「価値があるんだよ」と見えるようにするためのトレーニングが必要だったのです。

最後に、「私は何のために生まれてきたのだろう」と考えている方へ。
この問いは誰もが人生で一度は抱くものではないでしょうか。私は誰もが幸せになるために生まれてきたと思っています。人生の意味や自分の価値を問うのはもうやめましょう。あなたは生まれてきただけで価値がある。あなたと周りの人が幸せになるためにまっすぐ歩んでください。

いつも応援してくださっている方々のおかげで、2冊目を書き上げることができました。この本を書かないかと声をかけてくださったWAVE出版の大石編集長、いつも新たな気づきをくださるオンラインサロンのメンバーの皆さん、メルマガ読者の皆さん、講座の受講者の皆さん、ポジティブ心理学を用いて社会を良くしたいと集うアカプロメンバーの皆様、本当にありがとうございます。そして、本当の自己肯定感について気づかせてくれた夫と子どもたち、私を育ててくれた家族に感謝して終わりの言葉とさせていただきます。

12項目バランスチェックシート

最後にもう一度、バランスチェックをしてみましょう。

14のワーク、セルフコンパッションワークをする前のグラフとどのくらい違うでしょうか。

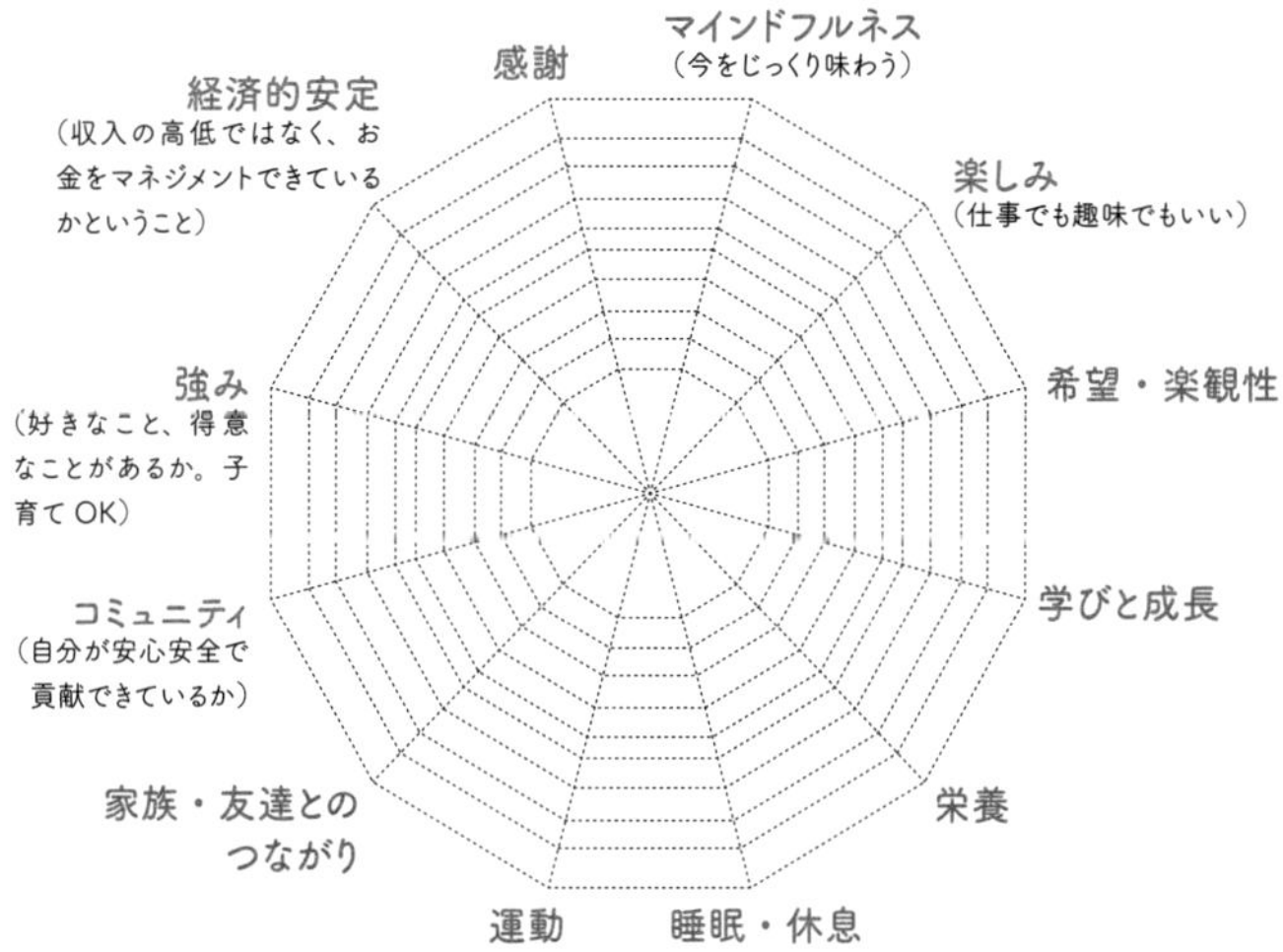

編者紹介

松村　亜里（まつむら・あり）

ニューヨークライフバランス研究所 代表

　母子家庭で育ち中卒で大検をとり、朝晩働いて貯金をしてニューヨーク市立大学入学。首席で卒業後、コロンビア大学大学院修士課程（臨床心理学）、秋田大学大学院医学系研究科博士課程（公衆衛生学）修了。医学博士・臨床心理士・認定ポジティブ心理学プラクティショナー。

　ニューヨーク市立大学、国際教養大学でカウンセリングと心理学講義を10年以上担当し、2013年からニューヨークで始めた異文化子育て心理学講座が好評で州各地に拡大。ニューヨークライフバランス研究所を設立してポジティブ心理学を広めている。幸せを自分でつくり出す人を増やすために、エビデンスに基づいた理論とスキルを紹介し、実践に落とし込む講座を展開。世界中の親に向けて2018年に開設した「世界に通用する子どもの育て方オンライン講座」が好評で書籍となる。ポジティブ心理学を人生に活かす「Ari's Academia」ビジネスや仕事に活かす「Ari's Academia for Professionals」、2つのオンラインサロンも開催中。

HP lifebalaneny.org

お母さんの自己肯定感を高める本

2020年2月22日　第1版　第1刷発行
2024年7月10日　　　　　第8刷発行

著　者　　松村亜里

発行所　　WAVE出版
〒102-0074　東京都千代田区九段南3-9-12
TEL 03-3261-3713　FAX 03-3261-3823
振替 00100-7-366376
E-mail: info@wave-publishers.co.jp
https://www.wave-publishers.co.jp

印刷・製本　萩原印刷

NDC599　207p　19cm　ISBN978-4-86621-261-6